드림중국어 YCT 1급 실전 모의고사

梦想中国语 YCT 1级 实战模拟考试

드림중국어 YCT 1급 실전 모의고사

梦想中国语 YCT 1级 实战模拟考试

종이책 최신판 발행   2023 년 07 월 01 일
전자책 최신판 발행   2023 년 07 월 01 일

편저: 류환
발행처: 드림중국어
주소: 인천 서구 청라루비로 93, 7 층
전화: 032-567-6880
이멜: 5676888@naver.com
등록번호: 654-93-00416
등록일자: 2016 년 12 월 25 일

종이책 ISBN: 979-11-93243-07-7 (13720)
전자책 ISBN: 979-11-93243-08-4 (15720)

값: 38,800 원

이 책은 저작권법에 따라 보호 받는 저작물이므로 무단 복제나 사용은 금지합니다. 이 책의 내용을 이용하거나 인용하려면 반드시 저작권자 드림중국어의 서면 동의를 받아야 합니다. 잘못된 책은 교환해 드립니다.

<MP3 파일 & 시험 답안 무료 다운!>

이 책에 관련된 모든 MP3 와 시험 답안은 드림중국어 카페(http://cafe.naver.com/dream2088)

를 회원 가입 후에 <**교재 MP3 무료 다운**> 에서 무료로 다운 받으실 수 있습니다.

MP3 파일 다운로드 주소: https://cafe.naver.com/dream2088/3813

시험 답안 다운로드 주소: https://cafe.naver.com/dream2088/3814

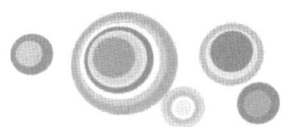

〈 목 록 〉

〈YCT 1급 실전 모의 고사 1〉 1

〈YCT 1급 실전 모의 고사 2〉 12

〈YCT 1급 실전 모의 고사 3〉 23

〈YCT 1급 실전 모의 고사 4〉 35

〈YCT 1급 실전 모의 고사 5〉 47

〈YCT 1급 실전 모의 고사 6〉 59

〈YCT 1급 실전 모의 고사 7〉 70

〈YCT 1급 실전 모의 고사 8〉 82

〈YCT 1급 실전 모의 고사 9〉 93

〈YCT 1급 실전 모의 고사 10〉 104

〈YCT 1급 실전 모의 고사 1〉 본문 및 해석 115

〈YCT 1급 실전 모의 고사 2〉 본문 및 해석 118

〈YCT 1급 실전 모의 고사 3〉 본문 및 해석 120

〈YCT 1급 실전 모의 고사 4〉 본문 및 해석 122

〈YCT 1급 실전 모의 고사 5〉 본문 및 해석 124

〈YCT 1급 실전 모의 고사 6〉 본문 및 해석 126

〈YCT 1급 실전 모의 고사 7〉 본문 및 해석 128

〈YCT 1급 실전 모의 고사 8〉 본문 및 해석 130

〈YCT 1급 실전 모의 고사 9〉 본문 및 해석 132

〈YCT 1급 실전 모의 고사 10〉 본문 및 해석 134

음성 파일 및 시험 답안 다운로드 **137**

드림중국어 시리즈 교재 139

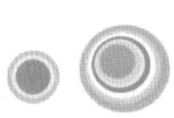
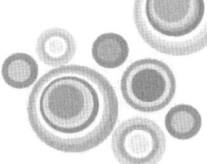

梦想中国语 模拟考试

新中小学生汉语考试

YCT（一级）1

注　意

一、YCT（一级）分两部分：

1. 听力（20 题，约 10 分钟）

2. 阅读（15 题，共 15 分钟）

二、答案先写在试卷上，最后 5 分钟再写在答题卡上。

三、全部考试约 35 分钟（含考生填写个人信息时间 5 分钟）。

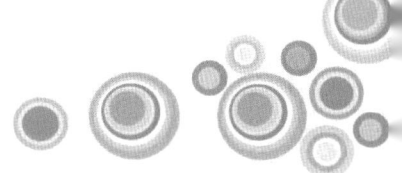

一、听力

第一部分

第 1-5 题

例如：	(嘴)	√
	(眼睛)	×
1.	(鼻子)	
2.	(耳朵)	
3.	(米饭)	
4.	(手)	
5.	(苹果)	

第二部分

第 6-10 题

例如：	A√	B	C
6.	A	B	C
7.	A	B	C
8.	A	B	C

9.			
	A	B	C
10.	星期日	星期五	星期一
	A	B	C

第三部分

第 11-15 题

例如：	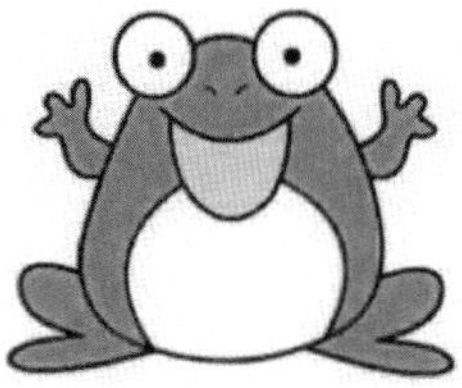	√
	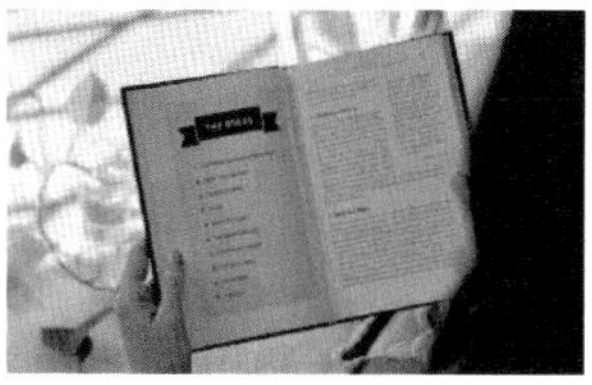	×
11.	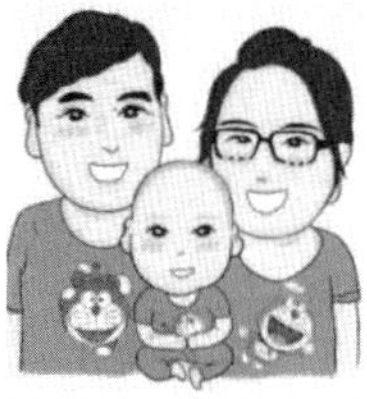	
12.	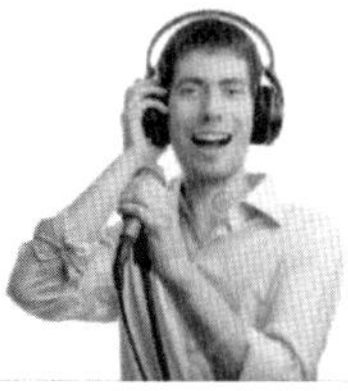	
13.	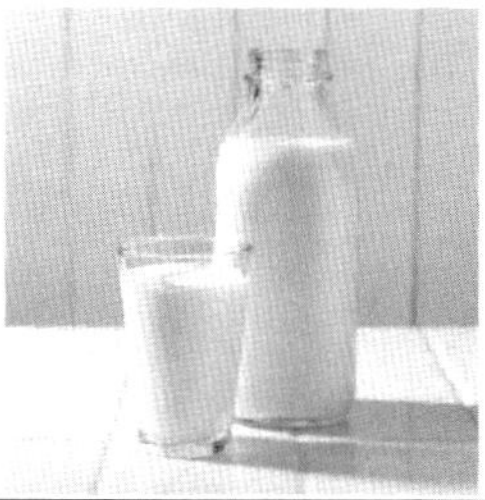	
14.	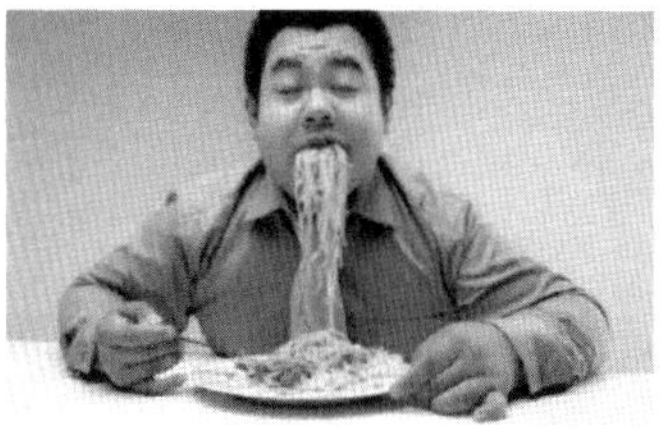	
15.	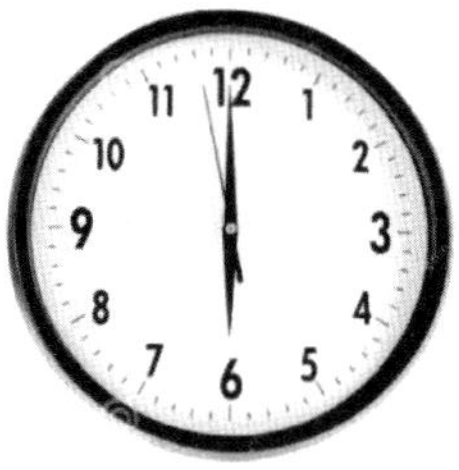	

第四部分

第 16-20 题

例如：	A√	B	C
16.	A	B	C
17.	A	B	C
18.	A	B	C

19.	[clock ~5:00] A	[clock ~2:00] B	[clock ~7:00] C
20.	[photo] A	[photo] B	[photo] C

二、阅读

第一部分

第 21-25 题

例如：	 猫	māo 猫	×
	 米饭	mǐ fàn 米饭	√
21.		shuǐ guǒ 水果	
22.		tā 他	
23.		tīng 听	
24.		māo 猫	
25.		lěng 冷	

第二部分

第 26-30 题

A

B

C

D

E

F

例如： 我的鼻子长。Wǒ de bí zi cháng.   **E**

26. 那儿有很多鱼。Nàr yǒu hěn duō yú. ☐

27. 我看妈妈，妈妈看我。Wǒ kàn mā ma, mā ma kàn wǒ. ☐

28. 这个苹果大，那个苹果小。Zhè ge píng guǒ dà, nà ge píng guǒ xiǎo. ☐

29. 爸爸高，儿子不高。Bà ba gāo, ér zi bù gāo. ☐

30. 妈妈，你喝水吧。Mā ma, nǐ hē shuǐ ba. ☐

第三部分

第 31-35 题

míng zi	bà ba	bú kè qi	sān	māo	rì
A 名字	B 爸爸	C 不客气	D 三	E 猫	F 日

Zhèr yǒu jǐ gè rén?

例如：A：这儿有几个人？

　　　 Zhèr yǒu　　　 gè rén.

　　B：这儿有（ D ）个人。

Jīn tiān shì jǐ yuè jǐ hào?

31. A：今天是几月几号？

　　　 Jīn tiān qī yuè jiǔ　　　 .

　　B：今天 7 月 9 （　　）。

Nà shì nǐ gē ge ma?

32. A：那是你哥哥吗？

　　　 Bú shì, nà shì wǒ　　　 .

　　B：不是，那是我（　　）。

Nǐ zài kàn shén me?

33. A：你在看什么？

　　　 Wǒ zài kàn xiǎo　　　 .

　　B：我在看小（　　）。

        Nǐ hǎo. Nǐ jiào shén me   Xiè xie nǐ.

34. A：你好。你叫什么（　　）?   35. A：谢谢你。

      Wǒ jiào Liú hóng.   zài jiàn.

   B：我叫刘红。   B：（　　），再见。

新中小学生汉语考试

YCT （一级）2

注　意

一、YCT（一级）分两部分：

1. 听力（20 题，约 10 分钟）

2. 阅读（15 题，共 15 分钟）

二、答案先写在试卷上，最后 5 分钟再写在答题卡上。

三、全部考试约 35 分钟（含考生填写个人信息时间 5 分钟）。

一、听力

第一部分

第 1-5 题

例如：	（嘴）	√
	（眼睛）	×
1.	（面条）	
2.	（米饭）	
3.	（西瓜）	
4.	（门）	
5.	（手臂）	

第二部分

第 6-10 题

例如：	nose A√	hand B	ear C
6.	A	B	C
7.	A	B	C
8.	A	B	C

梦想中国语 模拟考试

9.	A	B	C
10.	A	B	C

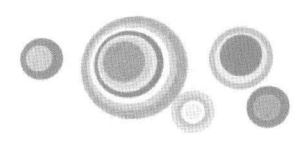

第三部分

第 11-15 题

例如：	(青蛙图)	√
	(书图)	×
11.	(猫和狗图)	
12.	(家庭图)	
13.	(苹果图)	
14.	(男子图)	
15.	汉	

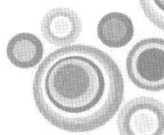

第四部分

第 16-20 题

例如：			
	A√	B	C
16.	A	B	C
17.	A	B	C
18.	A	B	C

19.	A	B	C
20.	A	B	C

二、阅读

第一部分

第 21-25 题

例如：		māo 猫	×
		mǐ fàn 米饭	√
21.		bà ba hé mā ma 爸爸和妈妈	
22.		zài jiàn 再见	
23.		zhōng guó 中国	
24.		chī mǐ fàn 吃米饭	
25.		diǎn 10点	

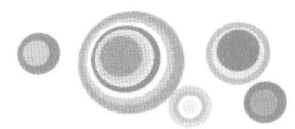

第二部分

第 26-30 题

A

B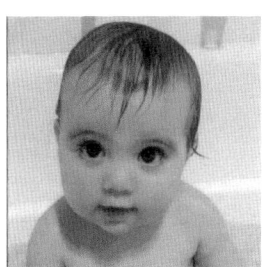

C

D

E

F

例如： 我的鼻子长。Wǒ de bí zi cháng.　　　　　　E

26. 我的眼睛很大。Wǒ de yǎn jīng hěn dà.

27. 我有两个苹果。Wǒ yǒu liǎng gè píng guǒ.

28. 现在10点10分了。Xiàn zài 10 diǎn 10 fēn le.

29. 弟弟在哪儿？Dì di zài nǎr?

30. 爸爸的头小，儿子的头大。Bà ba de tóu xiǎo, ér zi de tóu dà.

第三部分

第 31-35 题

bà ba	shāng diàn	lǎo shī	sān	píng guǒ	hé
A 爸爸	B 商店	C 老师	D 三	E 苹果	F 和

例如：A：Zhèr yǒu jǐ gè rén?
这儿有 几个人？

B：Zhèr yǒu (D) gè rén.
这儿有（ D ）个人。

31. A：Nǐ kàn jiàn wǒ ( ) le ma?
你 看 见 我（ ）了吗？

B：Shì gè zi hěn gāo de nà gè rén ma?
是 个子很高 的那 个人吗？

32. A：Nǐ ài chī shén me?
你爱吃 什 么？

B：Wǒ hěn xǐ huān chī ( ).
我 很 喜欢 吃（ ）。

33. A：Shuǐ ( ) niú nǎi, nǐ yào hē shén me?
水（ ）牛 奶，你要 喝 什 么？

B：Wǒ yào hē niú nǎi.
我要 喝 牛 奶。

21

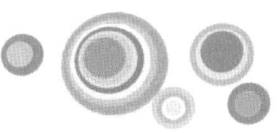

Nǐ zhī dào mā ma zài nǎ lǐ ma?　　　　　　Nǐ bà ba shì gàn shén me de?

34. A：你知道妈妈在哪里吗？　　35. A：你爸爸是干什么的？

　　　　Mā ma qù　　　　　　le.　　　　　　　Wǒ bà ba shì.

　　B：妈妈去（　　　）了。　　　　B：我爸爸是（　　　）。

梦想中国语 模拟考试

新中小学生汉语考试

YCT（一级）3

注　意

一、YCT（一级）分两部分：

1. 听力（20 题，约 10 分钟）

2. 阅读（15 题，共 15 分钟）

二、答案先写在试卷上，最后 5 分钟再写在答题卡上。

三、全部考试约 35 分钟（含考生填写个人信息时间 5 分钟）。

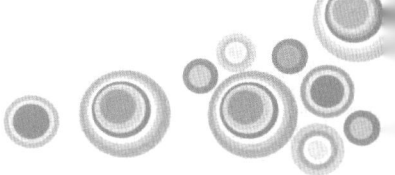

一、听力

第一部分

第 1-5 题

例如：	(嘴)	√
	(眼睛)	×
1.	(喝水)	
2.	(6只恐龙)	
3.	(长发女孩背影)	
4.	(太阳)	

| 5. |  | |

第二部分

第 6-10 题

例如：			
	A√	B	C
6.			
	A	B	C
7.			
	A	B	C
8.			
	A	B	C

9.	A	B	C
10.	A	B	C

第三部分

第 11-15 题

例如：		√
		×
11.		
12.		
13.		
14.		
15.		

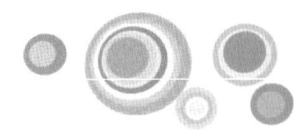

第四部分

第 16-20 题

例如：	✌️ A√	🤟 B	🖐️ C
16.	星期六 SATURDAY / A	星期五 FRIDAY / B	星期一 MONDAY / C
17.	A	B	C
18.	A	B	C

19.	A	B	C
20.	5 A	6 B	9 C

二、阅读

第一部分

第 21-25 题

例如:		māo 猫	×
		mǐ fàn 米饭	√
21.		jiě jie hé dì di 姐姐和弟弟	
22.		lǎo shī 老师	
23.		māo hé gǒu 猫和狗	
24.		liù 六	
25.		xīng qī wǔ 星期五	

第二部分

第 26-30 题

A

B

C

D

E

F

例如：	我的鼻子长。Wǒ de bí zi cháng.	E
26.	我刚刚喝了牛奶。Wǒ gāng gāng hē le niú nǎi.	
27.	妈妈去商店了。Mā ma qù shāng diàn le.	
28.	我们老师是女的。Wǒ men lǎo shī shì nǚ de.	
29.	奶奶已经70岁了。Nǎi nai yǐ jīng 70 suì le.	
30.	姐姐的头发很长。Jiě jie de tóu fa hěn cháng.	

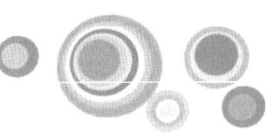

第三部分

第 31-35 题

	xīng qī yī	niǎo	bí zi	sān	tóu fa	yú
	A 星期一	B 鸟	C 鼻子	D 三	E 头发	F 鱼

例如：
A：Zhèr yǒu jǐ gè rén?
　　这儿有 几个人？

B：Zhèr yǒu (D) gè rén.
　　这儿有（ D ）个人。

31. A：Nǐ nǎ tiān qù xué xiào?
　　你哪天去学校？

B：Wǒ (　　) qù xué xiào.
　　我（　　）去学校。

32. A：Nǐ de (　　) zěn me hóng le?
　　你的（　　）怎么红了？

B：Wǒ yǒu diǎn lěng.
　　我有点冷。

33. A：Nǐ mèi mei (　　) cháng ma?
　　你妹妹（　　）长吗？

B：Bù cháng, hěn duǎn.
　　不长，很短。

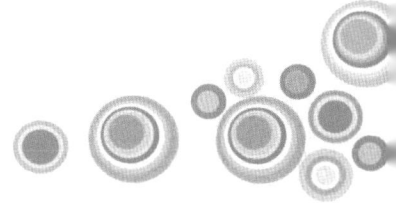

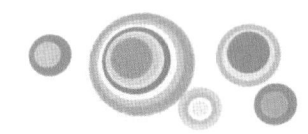

Nǐ kàn nà shì shén me?

34. A：你看那是什么？

　　　Nà shì yì zhī

　　B：那是一只（　　　）。

Nǐ xǐ huān chī　　　ma?

35. A：你喜欢吃（　　　）吗？

　　　Wǒ bú shì hěn xǐ huān.

　　B：我不是很喜欢。

 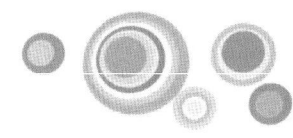

梦想中国语 模拟考试

新中小学生汉语考试

YCT（一级）4

注　意

一、YCT（一级）分两部分：

1. 听力（20 题，约 10 分钟）

2. 阅读（15 题，共 15 分钟）

二、答案先写在试卷上，最后 5 分钟再写在答题卡上。

三、全部考试约 35 分钟（含考生填写个人信息时间 5 分钟）。

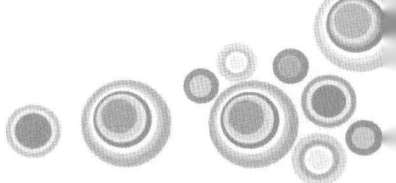

一、听力

第一部分

第 1-5 题

例如：	(嘴)	√
	(眼睛)	×
1.	(面条)	
2.	(星期一)	
3.	(猫)	
4.	(女孩)	

| 5. | 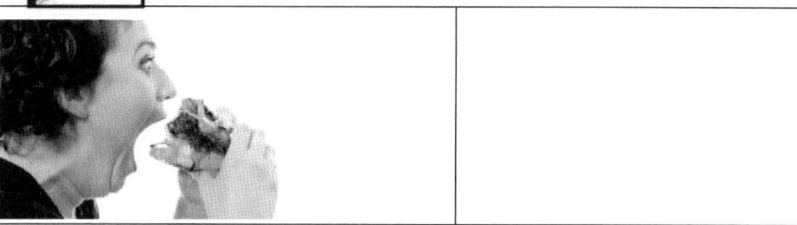 | |

第二部分

第 6-10 题

例如：	 A√	B	C
6.	A	B	C
7.	A	B	C
8.	A	B	C

9.	Cleveland 2	BARKLEY 14	JAMES 23
	A	B	C
10.			
	A	B	C

第三部分

第 11-15 题

例如：	(青蛙)	√
	(书)	×
11.	(女士)	
12.	(咖啡)	
13.	(苹果)	
14.	(父子)	
15.	(鱼)	

第四部分

第 16-20 题

例如:	✌️ A√	🤟 B	✋ C
16.	A	B	C
17.	A	B	C
18.	A	B	C

19.	A	B	C

20.	A	B	C

二、阅读

第一部分

第 21-25 题

例如：		māo 猫	×
		mǐ fàn 米饭	√
21.		shǎo 少	
22.		hē shuǐ 喝水	
23.		mā ma hé nǚ ér 妈妈 和 女儿	
24.		ěr duo 耳朵	
25.		píng guǒ 苹果	

第二部分

第 26-30 题

A 　　　　B

C 　　　　D

E 　　　　F

例如：	我的鼻子长。Wǒ de bí zi cháng.	E
26.	今天是星期二。Jīn tiān shì xīng qī èr.	
27.	学校在我家后面。Xué xiào zài wǒ jiā hòu mian.	
28.	再见！我要回家了。Zài jiàn! wǒ yào huí jiā le.	
29.	你吃面条了吗？Nǐ chī miàn tiáo le ma?	
30.	我们老师是中国人。Wǒ men lǎo shī shì zhōng guó rén.	

 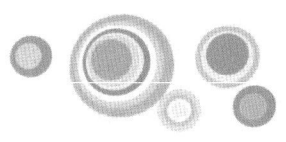

第三部分

第 31-35 题

míng zi	kā fēi	mā ma	sān	xiǎo gǒu	dà
A 名字	B 咖啡	C 妈妈	D 三	E 小狗	F 大

Zhèr yǒu jǐ gè rén?

例如：A：这儿有 几个人？

　　　　Zhèr yǒu　　　gè rén.

　　B：这儿有（ D ）个人。

Nǐ hǎo, nǐ jiào shén me

31. A：你好，你叫 什 么（　　）？

　　　Nǐ hǎo, wǒ jiào wáng hóng.

　　B：你好，我叫 王 红。

hǎo hē ma?

32. A：（　　）好喝吗？

　　Hái hǎo, wǒ hěn xǐ huān.

　　B：还好，我很喜欢。

Nà shì xiǎo māo ma?

33. A：那是小 猫 吗？

　　Bú shì, tā shì　　　.

　　B：不是，它是（　　）。

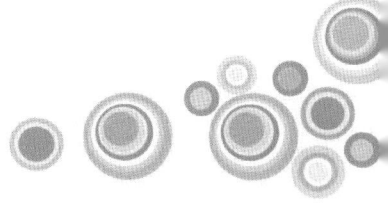

45

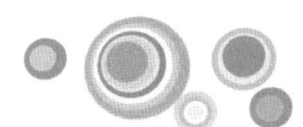

Nǐ　　　shì gàn shén me de?

34. A：你（　　）是 干 什 么 的？

Wǒ mā ma shì lǎo shī.

B：我 妈 妈 是 老 师。

Nǐ jiě jie de tóu　　　ma?

35. A：你 姐姐 的 头（　　）吗？

Shì de, hěn dà.

B：是 的，很大。

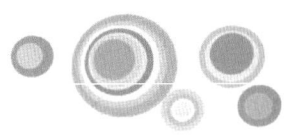

梦想中国语 模拟考试

新中小学生汉语考试

YCT（一级）5

注 意

一、YCT（一级）分两部分：

1. 听力（20 题，约 10 分钟）

2. 阅读（15 题，共 15 分钟）

二、答案先写在试卷上，最后 5 分钟再写在答题卡上。

三、全部考试约 35 分钟（含考生填写个人信息时间 5 分钟）。

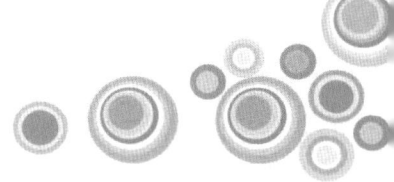

一、听力

第一部分

第 1-5 题

例如：		√
		×
1.		
2.		
3.		
4.		

| 5. | 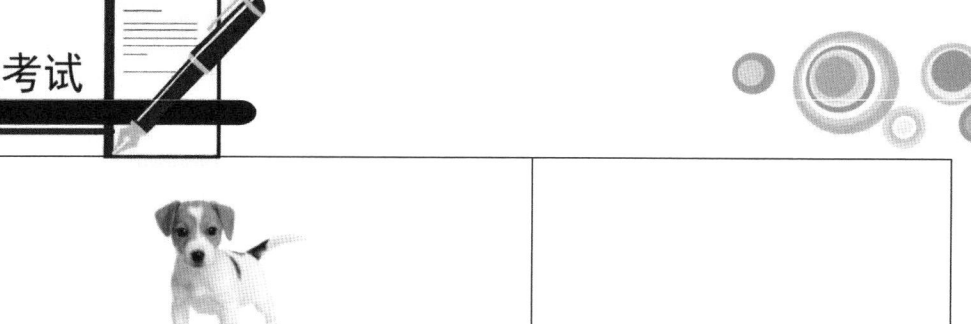 | |

第二部分

第 6-10 题

例如：	A✓	B	C
6.	A	B	C
7.	A	B	C
8.	A	B	C

9.	A	B	C
10.	A	B	C

第三部分

第 11-15 题

例如：	(青蛙图)	√
	(看书图)	×
11.	(眼睛图)	
12.	(茶图)	
13.	(耳朵图)	
14.	(头发图)	
15.	(老人图)	

第四部分

第 16-20 题

例如：	A√	B	C
16.	A	B	C
17.	A	B	C
18.	A	B	C

19.	A	B	C
20.	A	B	C

二、阅读

第一部分

第 21-25 题

例如：	(图：鸡)	māo 猫	×
	(图：米饭)	mǐ fàn 米饭	√
21.	(图：婴儿)	suì 5岁	
22.	(图：女孩拿足球)	gē ge 哥哥	
23.	(图：眼睛)	yǎn jīng 眼睛	
24.	(图：鸡蛋)	miàn tiáo 面条	
25.	(图：商店)	shāng diàn 商店	

第二部分

第 26-30 题

A

B

C

D

E

F

例如：	我的鼻子长。Wǒ de bízi cháng.	E
26.	那里有一只小猫。Nà lǐ yǒu yì zhī xiǎo māo.	☐
27.	我很喜欢吃鱼。Wǒ hěn xǐhuān chī yú.	☐
28.	他今天很高兴。Tā jīntiān hěn gāoxìng.	☐
29.	弟弟今年10岁了。Dìdi jīnnián 10 suì le.	☐
30.	她的手很小。Tā de shǒu hěn xiǎo.	☐

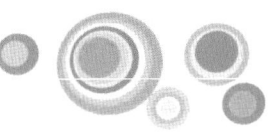

第三部分

第 31-35 题

	gè	niú nǎi	yuè	sān	lǎo shī	miàn tiáo
	A 个	B 牛奶	C 月	D 三	E 老师	F 面条

例如：A：Zhèr yǒu jǐ gè rén?
这儿有 几个人？

B：Zhèr yǒu (D) gè rén.
这儿有（ D ）个人。

31. A：Nà gè rén shì shuí ya?
那个人是谁呀？

B：Nà shì wǒ men de ( ).
那是我们的（ ）。

32. A：Nǐ yǒu jǐ ( ) jiě jie?
你有几（ ）姐姐？

B：Wǒ yǒu yí gè jiě jie.
我有一个姐姐。

33. A：Mā ma, wǒ xiǎng hē ( ).
妈妈，我想喝（ ）。

B：Jiā lǐ méi yǒu le.
家里没有了。

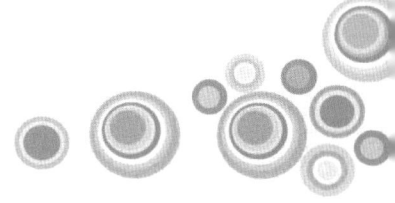

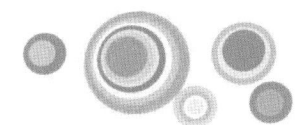

34. A：Xiàn zài shì jǐ le?
    现 在 是 几（　　）了？
    B：Yǐ jīng 6 yuè le.
    已 经 6 月 了。

35. A：Zhè shì nǐ yào de.
    这 是 你 要 的（　　）。
    B：Xiè xie!
    谢 谢！

新中小学生汉语考试

YCT（一级）6

注　意

一、YCT（一级）分两部分：

1. 听力（20 题，约 10 分钟）

2. 阅读（15 题，共 15 分钟）

二、答案先写在试卷上，最后 5 分钟再写在答题卡上。

三、全部考试约 35 分钟（含考生填写个人信息时间 5 分钟）。

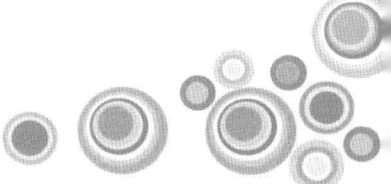

一、听力

第一部分

第 1-5 题

例如：		√
	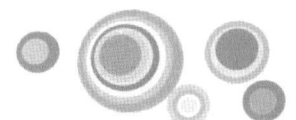	×
1.		
2.		
3.		
4.		
5.		

第二部分

第 6-10 题

例如：	A√	B	C
6.	A	B	C
7.	A	B	C
8.	A	B	C

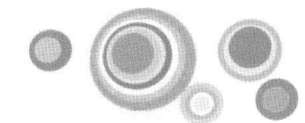

9.	A A	B B	C C
10.	A A	B B	C C

第三部分

第 11-15 题

例如：	(青蛙图片)	√
	(书本图片)	×
11.	(小女孩图片)	
12.	(女歌手图片)	
13.	(嘴唇图片)	
14.	(长发女孩背影图片)	
15.	(做饭图片)	

第四部分

第 16-20 题

例如：	 A✓	 B	 C
16.	A	B	C
17.	A	B	C
18.	A	B	C

19.	 A	B	C
20.	A	B	C

二、阅读

第一部分

第 21-25 题

例如：	(鸡)	māo 猫	×
	(米饭)	mǐ fàn 米饭	√
21.	(婴儿喝奶)	chī fàn 吃饭	
22.	(9月日历)	yuè 9月	
23.	(鱼)	yú 鱼	
24.	(医院)	xué xiào 学校	
25.	(外国人)	zhōng guó rén 中 国 人	

第二部分

第 26-30 题

A

B

C

D

E

F

例如：	我的鼻子长。Wǒ de bí zi cháng.	E
26.	姐姐正在看着妈妈。Jiě jie zhèng zài kàn zhe mā ma.	
27.	弟弟明天要去学校。Dì di míng tiān yào qù xué xiào.	
28.	我家有一只小狗。Wǒ jiā yǒu yì zhī xiǎo gǒu.	
29.	妈妈想喝咖啡。Mā ma xiǎng hē kā fēi.	
30.	今天是星期六。Jīn tiān shì xīng qī liù.	

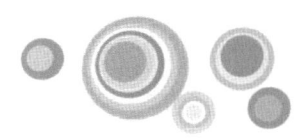

第三部分

第 31-35 题

shǒu	diǎn	yǎn jīng	sān	shāng diàn	māo
A 手	B 点	C 眼睛	D 三	E 商店	F 猫

Zhèr yǒu jǐ gè rén?

例如：A：这儿有 几个人？

Zhèr yǒu　　　　gè rén.

B：这儿有（ D ）个人。

Xiàn zài jǐ　　　le?

31. A：现 在 几（　　）了？

Yǐ jīng 5 diǎn le.

B：已经 5 点 了。

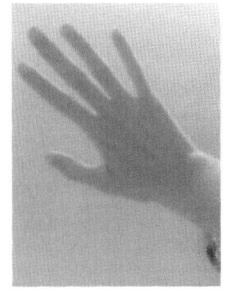

Nǐ de　　　dà ma?

32. A：你的（　　）大吗？

Bǐ nǐ de dà yì diǎn.

B：比你的大一点。

Nǐ zài kàn shén me?

33. A：你在看什么？

Wǒ zài kàn xiǎo.

B：我 在 看 小（　　）。

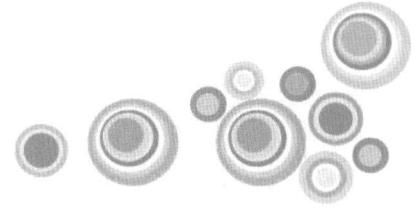

34. A：你的（ Nǐ de _____ zěn me le? ）怎么了？

    B：我也不知道。 Wǒ yě bù zhī dào.

35. A：这里是哪儿呀？ Zhè lǐ shì nǎr ya?

    B：这里是（ Zhè lǐ shì _____ ）.

新中小学生汉语考试

YCT （一级）7

注　意

一、YCT （一级）分两部分：

1. 听力（20 题，约 10 分钟）

2. 阅读（15 题，共 15 分钟）

二、答案先写在试卷上，最后 5 分钟再写在答题卡上。

三、全部考试约 35 分钟（含考生填写个人信息时间 5 分钟）。

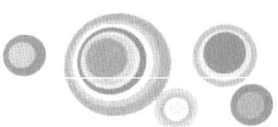

一、听力

第一部分

第 1-5 题

例如:		√
		×
1.		
2.		
3.		
4.		

5.			

第二部分

第 6-10 题

例如：	(鼻子) A✓	(手) B	(耳朵) C
6.	A	B	C
7.	A	B	C
8.	星期三 Wednesday A	星期六 SATURDAY B	星期日 SUNDAY C

9.	A	B	C
10.	A	B	C

第三部分

第 11-15 题

例如：		√
		×
11.		
12.		
13.		
14.		
15.		

第四部分

第 16-20 题

例如：	 A√	B	C
16.	A	B	C
17.	A	B	C
18.	A	B	C

19.	 A	B	C
20.	A	B	C

二、阅读

第一部分

第 21-25 题

例如：		māo 猫	×
		mǐ fàn 米饭	√
21.		dà 大	
22.		duō 多	
23.		xīng qī sì 星期四	
24.		zhōng guó 中国	
25.		shuǐ 水	

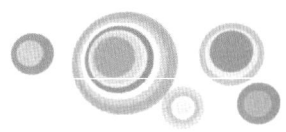

第二部分

第 26-30 题

A    B

C    D

E    F

例如：	我的鼻子长。Wǒ de bí zi cháng.	E
26.	妈妈爱吃米饭。Mā ma ài chī mǐ fàn.	☐
27.	我家有4口人。Wǒ jiā yǒu 4 kǒu rén.	☐
28.	那儿有一只鸟。Nàr yǒu yì zhī niǎo.	☐
29.	爸爸5点回家。Bà ba 5 diǎn huí jiā.	☐
30.	这里有2杯牛奶。Zhè lǐ yǒu 2 bēi niú nǎi.	☐

第三部分

第 31-35 题

	zhōng guó	kā fēi	míng zi	sān	jiā	suì
	A 中国	B 咖啡	C 名字	D 三	E 家	F 岁

Zhèr yǒu jǐ gè rén?

例如：A：这儿有 几个人？

　　　　Zhèr yǒu　　　　gè rén.

　　B：这儿有（ D ）个人。

Nǐ huí xué xiào le ma?

31. A：你回学校了吗？

　　　Méi yǒu, wǒ hái zài 　　 lǐ.

　　B：没有，我还在（　）里。

Nǐ shì nǎ guó rén?

32. A：你是哪国人？

　　　Wǒ shì　　　　rén.

　　B：我是（　　）人。

Nǐ xiǎng hē　　 ma?

33. A：你想 喝（　　）吗？

　　　Bú yòng le, xiè xie.

　　B：不用 了，谢谢。

80

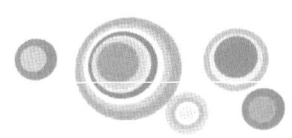

梦想中国语 模拟考试

　　　　Nǐ jīn nián duō dà le?　　　　　　　　　　　Nǐ hǎo, nǐ jiào shén me　　　?

34. A：你 今 年 多 大 了？　　　　35. A：你好，你叫什么（　　　）？

　　　　Wǒ yǐ jīng 5　　　le.　　　　　　　　　　　Nǐ hǎo, wǒ jiào wáng míng。

　　B：我 已 经 5（　）了。　　　　　　B：你好，我 叫 王 明。

新中小学生汉语考试

YCT （一级）8

注 意

一、YCT （一级）分两部分：

1. 听力（20 题，约 10 分钟）

2. 阅读（15 题，共 15 分钟）

二、答案先写在试卷上，最后 5 分钟再写在答题卡上。

三、全部考试约 35 分钟（含考生填写个人信息时间 5 分钟）。

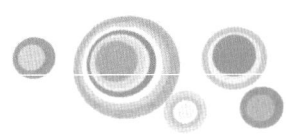

一、听力

第一部分

第 1-5 题

例如：	(嘴)	√
	(眼睛)	×
1.	(脸)	
2.	(可口可乐)	
3.	(老师)	
4.	(喝水)	
5.	(8)	

83

第二部分

第 6-10 题

例如：	鼻子 A√	手 B	耳朵 C
6.	HOTEL A	SCHOOL B	SHOP C
7.	香蕉 A	苹果 B	橘子 C
8.	A	B	C

梦想中国语 模拟考试

9.	 A	B	C
10.	A	B	C

第三部分

第 11-15 题

例如：		√
		×
11.		
12.		
13.		
14.		
15.		

第四部分

第 16-20 题

例如：	✌️	🤘	✋
	A ✓	B	C
16.	A	B	C
17.	A	B	C
18.	A	B	C

19.	A	B	C
20.	A	B	C

二、阅读

第一部分

第 21-25 题

例如：		māo 猫	✗
		mǐ fàn 米饭	✓
21.		niǎo 鸟	
22.		shuǐ guǒ 水果	
23.		niú nǎi 牛奶	
24.		jiě jie 姐姐	
25.		tóu fa 头发	

第二部分

第 26-30 题

A

B

C

D

E

F

例如：	我的鼻子长。Wǒ de bí zi cháng.	E
26.	你爱吃面条吗？Nǐ ài chī miàn tiáo ma?	
27.	弟弟的头发不长。Dì di de tóu fa bù cháng.	
28.	我是中国人。Wǒ shì zhōng guó rén.	
29.	你怎么不高兴呢？Nǐ zěn me bù gāo xìng ne?	
30.	这里有2只小狗。Zhè lǐ yǒu 2 zhī xiǎo gǒu.	

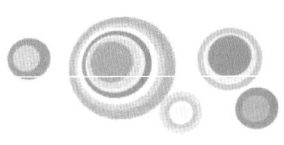

第三部分

第 31-35 题

	gè zi		jiā		xīng qī liù		sān		dì di		fàn
A	个子	B	家	C	星期六	D	三	E	弟弟	F	饭

Zhèr yǒu jǐ gè rén?

例如：A：这儿有 几个人？

Zhèr yǒu　　　　gè rén.

　　　B：这儿有（ D ）个人。

Nǐ jiā shéi de　　　zuì gāo

31. A：你家谁的（　　）最高？

Wǒ bà ba de gè zi zuì gāo.

　　B：我爸爸的 个子 最高。

Míng tiān shì xīng qī jǐ?

32. A：明 天 是星 期 几？

Míng tiān

　　B：明 天（　　　）。

Nǐ chī　　　le ma?

33. A：你吃（　　　）了吗？

Méi yǒu, yí huìr qù chī.

　　B：没 有，一 会儿去吃。

34. A：Nǐ yǒu mèi mei ma?
你 有 妹 妹 吗？

　　B：Méi yǒu, wǒ yǒu yí gè
没 有，我 有 一 个（　　　）。

35. A：Wǒ yào huí　　le, zài jiàn!
我 要 回（　　）了，再见！

　　B：Zài jiàn!
再见！

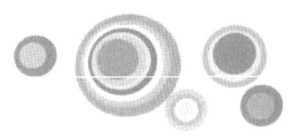

梦想中国语 模拟考试

新中小学生汉语考试

YCT（一级）9

注 意

一、YCT（一级）分两部分：

1. 听力（20 题，约 10 分钟）

2. 阅读（15 题，共 15 分钟）

二、答案先写在试卷上，最后 5 分钟再写在答题卡上。

三、全部考试约 35 分钟（含考生填写个人信息时间 5 分钟）。

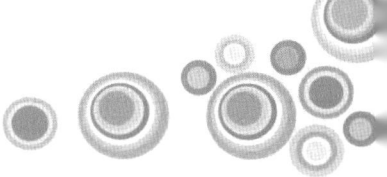

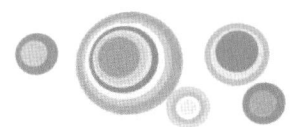

一、听力

第一部分

第 1-5 题

例如：	（嘴）	√
	（眼睛）	×
1.	（眼睛）	
2.	（兔子）	
3.	（蛋糕）	
4.	（婴儿）	
5.	（数字2）	

第二部分

第 6-10 题

例如：	 A✓	B	C
6.	A	B	C
7.	A	B	C
8.	A	B	C

9.	A	B	C
10.	A	B	C

第三部分

第 11-15 题

例如：	(青蛙)	√
	(书)	×
11.	(15日历)	
12.	(小猫)	
13.	(手)	
14.	(鸟)	
15.	(脚)	

第四部分

第 16-20 题

例如：	 A√	B	C
16.	A	B	C
17.	A	B	C
18.	A	B	C

19.			
	A	B	C
20.			
	A	B	C

二、阅读

第一部分

第 21-25 题

例如：		māo 猫	×
		mǐ fàn 米饭	√
21.		māo 猫	
22.		qī 七	
23.		shǒu 手	
24.		mèi mei 妹妹	
25.		gāo xìng 高兴	

第二部分

第 26-30 题

A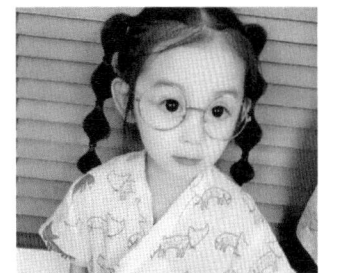
B
C
D
E
F

例如：	我的鼻子长。Wǒ de bí zi cháng.	E
26.	他的嘴巴很大。Tā de zuǐ bā hěn dà.	☐
27.	他妹妹真好看！Tā mèi mei zhēn hǎo kàn!	☐
28.	妈妈，你要喝水吗？Mā ma, nǐ yào hē shuǐ ma?	☐
29.	猫爱吃鱼吗？Māo ài chī yú ma?	☐
30.	姐姐今天去商店了吗？Jiě jie jīn tiān qù shāng diàn le ma?	☐

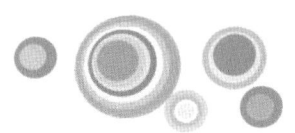

第三部分

第 31-35 题

| A 好 (hǎo) | B 高兴 (gāo xìng) | C 妈妈 (mā ma) | D 三 (sān) | E 面条 (miàn tiáo) | F 中国 (zhōng guó) |

例如：A：Zhèr yǒu jǐ gè rén?
这儿有 几个人？

B：Zhèr yǒu ___ gè rén.
这儿有（ D ）个人。

31. A：Nǐ zěn me bù ___ ?
你 怎 么 不（　　）？

B：Wǒ xiǎng huí jiā le.
我 想 回 家 了。

32. A：Nǐ ___ ma?
你（　　）吗？

B：Wǒ hěn hǎo.
我 很 好

33. A：Nǐ chī le shén me?
你 吃 了 什 么？

B：Wǒ chī le ___ .
我 吃 了（　　）。

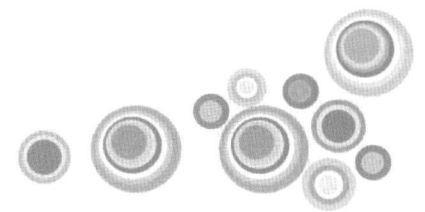

Nà shì nǐ　　　　ma?　　　　　　　　　Nǐ men lǎo shī shì nǎ guó rén?

34. A：那是你（　　　）吗？　　　　35. A：你们 老师是哪国人？

　　　Shì de.　　　　　　　　　　　　　　　Tā　shì

　　B：是 的。　　　　　　　　　　　　B：她 是（　　　　）。

 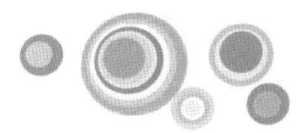

新中小学生汉语考试

YCT（一级）10

注 意

一、YCT（一级）分两部分：

1. 听力（20题，约10分钟）

2. 阅读（15题，共15分钟）

二、答案先写在试卷上，最后5分钟再写在答题卡上。

三、全部考试约35分钟（含考生填写个人信息时间5分钟）。

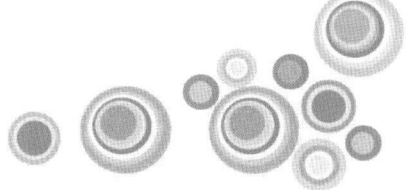

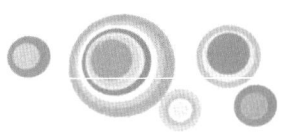

一、听力

第一部分

第 1-5 题

例如：	(嘴)	√
	(眼睛)	×
1.	(苹果)	
2.	(鱼)	
3.	(狗)	
4.	(女孩)	
5.	(一家人)	

第二部分

第 6-10 题

例如：	A√	B	C
6.	A	B	C
7.	A	B	C
8.	A	B	C

| 9. | A | B | C |
| 10. | A | B | C |

第三部分

第 11-15 题

例如：	(frog image)	√
	(book image)	×
11.	(clock image)	
12.	(bowl image)	
13.	(market image)	
14.	(jumping person image)	
15.	(man pointing image)	

第四部分

第 16-20 题

例如：	A A√	B	C
16.	A	B	C
17.	A	B	C
18.	A	B	C

19.	(A 米饭)	(B 面包)	(C 水果)
	A	B	C
20.	(A 4:00)	(B 2:10)	(C 7:40)
	A	B	C

二、阅读

第一部分

第 21-25 题

例如：	(小鸡图)	māo 猫	×
	(米饭图)	mǐ fàn 米饭	√
21.	(女孩图)	tā 她	
22.	(苹果图)	píng guǒ 苹果	
23.	(蛋糕图)	niú nǎi 牛奶	
24.	(数字8图)	bā 八	
25.	(小猪图)	gǒu 狗	

第二部分

第 26-30 题

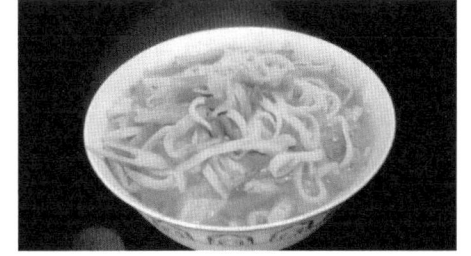
A

B

C

D

E

F

例如： 我的鼻子长。Wǒ de bí zi cháng. 　　E

26. 牛奶很好喝。Niú nǎi hěn hǎo hē.

27. 妈妈做的面条很好吃。Mā ma zuò de miàn tiáo hěn hǎo chī.

28. 现在2点了。Xiàn zài 2 diǎn le.

29. 这里有很多小鸟。Zhè lǐ yǒu hěn duō xiǎo niǎo.

30. 她的眼睛很小。Tā de yǎn jīng hěn xiǎo.

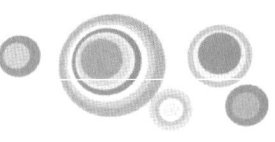

第三部分

第 31-35 题

	xué xiào	rèn shi	píng guǒ	sān	xiè xie	gǒu
	A 学校	B 认识	C 苹果	D 三	E 谢谢	F 狗

Zhèr yǒu jǐ gè rén?

例如：A：这儿有 几个人？

Zhèr yǒu　　　　gè rén.

B：这儿有（　D　）个人。

Nǐ xiǎng chī shén me?

31. A：你想 吃 什么？

Wǒ xiǎng chī.

B：我 想 吃（　　）。

Míng tiān nǐ zài nǎ lǐ?

32. A：明 天 你 在 哪里？

Míng tiān wǒ zài

B：明 天 我 在（　　）。

Nǐ xǐ huān ma?

33. A：你喜欢 吗？

Xǐ huān,　　　　nǐ!

B：喜欢,（　　）你！

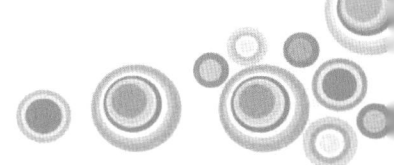

113

34. A：Nà shì nǐ jiě jie ma?
    那 是 你 姐 姐 吗？

   B：Bú shì, wǒ bú
    不 是，我 不（　　　）。

35. A：Nà shì xiǎo māo ma?
    那 是 小 猫 吗？

   B：Bú shì, shì xiǎo　　　　．
    不 是，是 小（　　　）。

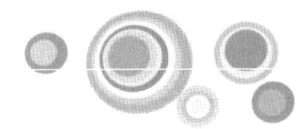

<YCT 1급 실전 모의고사 1> 본문 및 해석

1. 听力 듣기

第一部分 제1부분

一共 5 个题，每题听两次。Yí gòng 5 gè tí, měi tí tīng liǎng cì.

문제 총 5개가 있다. 문제마다 두 번씩 읽는다.

例如 Lì rú 예를 들면 : 口 kǒu 입 手 shǒu 손

现在开始第 1 题。Xiàn zài kāi shǐ dì 1 tí 지금부터 1번이 시작한다.

	중국어	병음	한국어
1	鼻子	bí zi	코
2	手	shǒu	손
3	中国茶	zhōng guó chá	중국 차 (마실 차)
4	脚	jiǎo	발
5	西瓜	xī guā	수박

第二部分 제2부분

一共 5 个题，每题听两次。Yí gòng 5 gè tí, měi tí tīng liǎng cì.

총 5개의 문제가 있다. 문제마다 두 번씩 읽는다.

例如 Lì rú 예를 들면 : 鼻子 bí zi 코

现在开始第6题。Xiàn zài kāi shǐ dì 6 tí. 지금부터 6번이 시작한다.

	중국어	병음	한국어
6	小猫	xiǎo māo	작은 고양이
7	很多人	hěn duō rén	많은 사람
8	她1岁	tā 1 suì	그녀는 한 살이에요.
9	3点10分	3 diǎn 10 fēn	3시 10분
10	星期一	xīng qī yī	월요일

第三部分 제3부분

一共 5 个题，每题听两次。Yí gòng 5 gè tí, měi tí tīng liǎng cì.

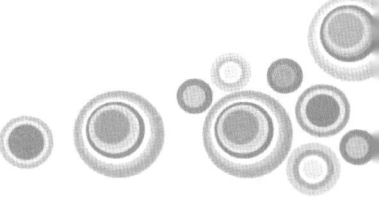

梦想中国语 模拟考试

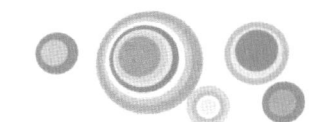

총 5개의 문제가 있다. 문제마다 두 번씩 읽는다.

例如 Lì rú 예를 들면 :

我的眼睛很大。Wǒ de yǎn jīng hěn dà. 제 눈이 크다.

她在看电影。Tā zài kàn diàn yǐng. 그녀는 영화를 보고 있다.

现在开始第11题。Xiàn zài kāi shǐ dì 11 tí. 지금부터 11번이 시작한다.

	중국어	병음	한국어
11	我家有三口人。	Wǒ jiā yǒu sān kǒu rén.	저의 가족은 3명이 있어요.
12	她在唱歌。	Tā zài chàng gē.	그녀는 노래를 부르고 있어요.
13	这儿有三杯牛奶。	Zhèr yǒu sān bēi niú nǎi.	여기 우유 세 잔이 있어요.
14	我在吃饭。	Wǒ zài chī fàn.	제가 밥을 먹고 있어요.
15	现在五点。	Xiàn zài wǔ diǎn.	지금 5시예요.

第四部分 제4부분

一共 5 个题，每题听两次。Yí gòng 5 gè tí, měi tí tīng liǎng cì.

총 5개의 문제가 있다. 문제마다 두 번씩 읽는다.

例如 Lì rú 예를 들면 : A：明天是几月几号？Míng tiān shì jǐ yuè jǐ hào? 내일은 몇 월 몇 일이에요?

B：明天是七月二号。Míng tiān shì qī yuè èr hào. 내일은 7월 2일이에요.

现在开始第6题。Xiàn zài kāi shǐ dì 6 tí. 지금부터 6번이 시작한다.

	중국어	병음	한국어
16	A：你和爸爸，谁的个子高？ B：爸爸个子高。	A： Nǐ hé bà ba, shuí de gè zi gāo? B： Bà ba gè zi gāo.	A: 당신과 아빠의 키가 누가 더 커요? B: 아빠는 키가 더 커요.
17	A：这个星期二，她去哪儿？ B：她去中国。	A： Zhè ge xīng qī èr, tā qù nǎr? B： Tā qù zhōng guó.	A: 이번 화요일에 그녀는 어디로 가요? B: 그녀는 중국으로 가요.
18	A：你看，那是谁？ B：那是我哥哥。	A： Nǐ kàn, nà shì shuí? B： Nà shì wǒ gē ge.	A: 봐 봐요, 그 분은 누구예요? B:그 분은 제 오빠예요.
19	A：妈妈，现在几点？ B：现在2点。	A： Mā ma, xiàn zài jǐ diǎn? B： Xiàn zài 2 diǎn.	A: 엄마, 지금 몇 시예요? B: 지금 두 시예요.
20	A：你和妈妈，谁的头发长？ B：妈妈的头发长。	A： Nǐ hé mā ma, shuí de tóu fa cháng? B： Mā ma de tóu fa cháng.	A: 당신과 엄마의 머리카락은 누가 더 길어요? B: 엄마의 머리카락은 더 길어요.

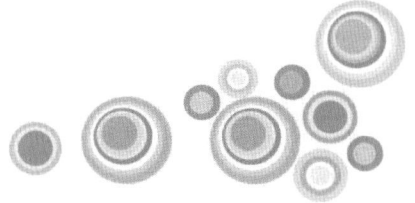

2. 阅读 읽기

第一部分 제1부분

	중국어	병음	한국어
21	水果	shuǐ guǒ	과일
22	他	tā	그
23	听	tīng	듣다
24	猫	māo	고양이
25	冷	lěng	춥다

第二部分 제2부분

26. 그 곳에는 많은 물고기들이 있어요.

27. 제가 엄마를 보고, 엄마는 저를 보고 있어요.

28. 이 사과는 크고 저 사과는 작아요.

29. 아빠는 키카 크고 아들은 키가 작아요.

30. 엄마, 물을 드세요.

第三部分 제3부분

míng zi A 名字	bà ba B 爸爸	bú kè qi C 不客气	sān D 三	māo E 猫	rì F 日
이름	아빠	천만에요	삼	고양이	일

	중국어+병음	한국어 해석
31.	A：今天是几月几号？ Jīn tiān shi jǐ yuè jǐ hào? B：今天是7月9日。Jīn tiān qī yuè jiǔ rì.	A: 오늘은 몇월 몇일이에요? B: 오늘은 7월9일이에요.
32.	A：那是你哥哥吗？Nà shì nǐ gē ge ma? B：不是，那是我爸爸。Bú shì,nà shì wǒ bà ba.	A: 그 분은 당신의 오빠예요? B: 아니요.그 분은 제 아빠예요.
33.	A：你在看什么？Nǐ zài kàn shén me? B：我在看小猫。Wǒ zài kàn xiǎo māo.	A: 뭘 보고 있어요? B: 고양이를 보고 있어요.
34.	A：你好。你叫什么名字？Nǐ hǎo. Nǐ jiào shén me míng zi? B：我叫刘红。Wǒ jiào Liú hóng.	A: 안녕하세요? 성함은 어떻게 되세요? B: 저는 류훙이라고 해요.
35.	A：谢谢你。Xiè xie nǐ. B：不客气，再见。Bú kè qi,zài jiàn.	A: 고마워요. B: 천만에요. 안녕히 계세요.

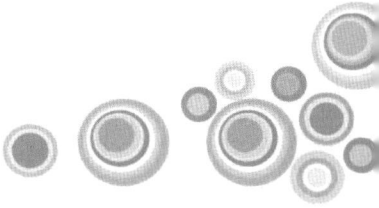

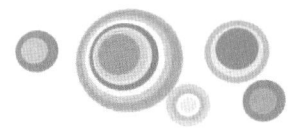

<YCT 1급 실전 모의고사 2> 본문 및 해석

1. 听力 듣기

第一部分 제1부분

	중국어	병음	한국어
1	米饭	mǐ fàn	쌀밥
2	面条	miàn tiáo	국수
3	西瓜	xī guā	수박
4	门	mén	문
5	脚	jiǎo	발

第二部分 제2부분

	중국어	병음	한국어
6	三只狗	sān zhī gǒu	강아지 3 마리
7	两只猫	liǎng zhī māo	고양이 2 마리
8	一个鸡蛋	yí gè jī dàn	계란 한 개
9	美国	měi guó	미국
10	我和爸爸	wǒ hé bà ba	저랑 아버지

第三部分 제3부분

	중국어	병음	한국어
11	那儿有两只猫。	Nàr yǒu liǎng zhī māo.	거기에 고양이가 두 마리 있어요.
12	我家有五口人。	Wǒ jiā yǒu wǔ kǒu rén.	저의 가족은 5명이 있어요.
13	一个大，一个小。	Yí gè dà, yí gè xiǎo.	하나는 크고 하나는 작아요.
14	我妈妈在哪儿？	Wǒ mā ma zài nǎr ?	우리 엄마는 어디에 있어요?
15	你认识这个字吗?	Nǐ rèn shi zhè ge zì ma ?	당신은 이 글자를 아세요?

第四部分 제4부분

	중국어	병음	한국어
16	A: 明天你去哪儿？ B: 我去学校。	A: Míng tiān nǐ qù nǎr? B: Wǒ qù xué xiào .	A: 내일 어디에 가요? B: 저는 학교에 가요.
17	A: 那是谁？ B: 那是妈妈和姐姐。	A: Nà shì shuí? B: Nà shì mā ma hé jiě jie.	A: 그 분들은 누구예요? B: 그 분들은 엄마랑 언니예요.
18	A: 你们家谁的个子高？ B: 哥哥的个子高。	A: Nǐ men jiā shuí de gè zi gāo? B: Gē ge de gè zi gāo.	A: 당신의 집에 누구의 키가 커요? B: 형의 키가 커요.
19	A: 你最喜欢哪个老师？ B: 我最喜欢中文老师。	A: Nǐ zuì xǐ huān nǎ gè lǎo shī ? B: Wǒ zuì xǐ huān zhōng wén lǎo shī.	A: 어느 선생님을 가장 좋아하세요? B: 저는 중국어 선생님을 제일 좋아해요.

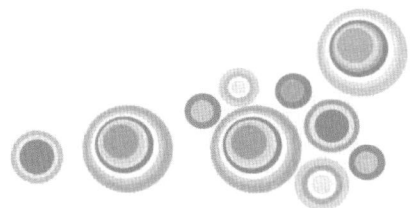

20	A: 你家有猫吗？ B: 我家有一只猫。	A: Nǐ jiā yǒu māo ma? B: Wǒ jiā yǒu yì zhī māo.	A: 당신의 집에 고양이 있어요? B: 우리 집에 고양이 한 마리가 있어요.

2. 阅读 읽기

第一部分 제1부분

	중국어	병음	한국어
21	爸爸和妈妈	bà ba hé mā ma	아빠와 엄마
22	再见	zài jiàn	안녕
23	中国	zhōng guó	중국
24	吃米饭	chī mǐ fàn	쌀밥을 먹다
25	10点	10 diǎn	10시

第二部分 제2부분

26. 제 눈이 커요.
27. 저는 사과 두 개가 있어요.
28. 지금은 10시 10분이에요.
29. 남동생은 어디에 있어요?
30. 아빠의 머리가 작고 아들의 머리가 커요.

第三部分 제3부분

bà ba A 爸爸	shāng diàn B 商店	lǎo shī C 老师	sān D 三	píng guǒ E 苹果	hé F 和
아빠	상점	선생님	삼	사과	과

	중국어+병음	한국어 해석
31.	A：你看见我爸爸了吗？ Nǐ kàn jiàn wǒ bà ba le ma? B：是个子很高的那个人吗？ Shì gè zi hěn gāo de nà gè rén ma?	A: 아빠가 보이세요? B: 저 키 큰 사람이에요?
32.	A：你爱吃什么？ Nǐ ài chī shén me? B：我很喜欢吃苹果。 Wǒ hěn xǐ huān chī píng guǒ.	A: 무슨 음악을 좋아하세요? B: 저는 사과를 먹는 것을 좋아해요.
33.	A：水和牛奶，你要喝什么？ Shuǐ hé niú nǎi, nǐ yào hē shén me. B：我要喝牛奶。 Wǒ yào hē niú nǎi.	A: 물과 우유 중에 뭘 마실 래요? B: 저는 우유를 마실 래요.
34.	A：你知道妈妈在哪里吗？ Nǐ zhī dào mā ma zài nǎ lǐ ma? B：妈妈去商店了。 Mā ma qù shāng diàn le.	A: 엄마가 어딘지 아세요? B: 엄마는 상점에 갔어요.
35.	A：你爸爸是干什么的？ Nǐ bà ba shì gàn shén me de? B：我爸爸是老师。 Wǒ bà ba shì lǎo shī.	A: 당신의 아버지의 직업이 뭐예요? B: 제 아버지는 선생님이세요.

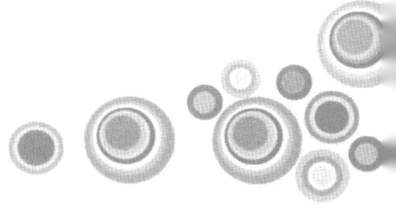

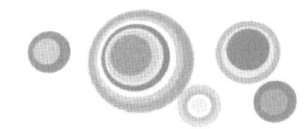

<YCT 1급 실전 모의고사 3> 본문 및 해석

1. 听力 듣기

第一部分 제1부분

	중국어	병음	한국어
1	吃	chī	먹다
2	九	jiǔ	9
3	头发	tóu fa	머리카락
4	月	yuè	달
5	学校	xué xiào	학교

第二部分 제2부분

	중국어	병음	한국어
6	妈妈和弟弟	mā ma hé dì di	엄마와 남동생
7	两个人	liǎng gè rén	사람 두 명
8	一杯牛奶	yì bēi niú nǎi	우유 한 잔
9	中国人	zhōng guó rén	중국 사람
10	吃饭	chī fàn	밥을 먹다

第三部分 제3부분

	중국어	병음	한국어
11	学校里有很多老师。	Xué xiào lǐ yǒu hěn duō lǎo shī.	학교에서 많은 선생님들이 있어요.
12	我有一个哥哥，一个姐姐。	Wǒ yǒu yí gè gē ge, yí gè jiě jie.	저는 형 하나 있고 누나 한 명 있어요.
13	看！那是我弟弟。	Kàn! nà shì wǒ dì di.	보세요! 제 남동생이에요.
14	我家在那儿！	Wǒ jiā zài nàr!	우리 집이 저기에 있어요!
15	我们去商店吧。	Wǒ men qù shāng diàn ba.	우리는 상점에 갑시다.

第四部分 제4부분

	중국어	병음	한국어
16	A: 今天星期几？ B: 今天星期六。	A: Jīn tiān xīng qī jǐ? B: Jīn tiān xīng qī liù.	A: 오늘은 무슨 요일이에요? B: 오늘은 토요일이에요.
17	A: 你的老师是中国人吗？ B: 她是中国人。	A: Nǐ de lǎo shī shì zhōng guó rén ma? B: Tā shì zhōng guó rén.	A: 당신의 선생님은 중국인이에요? B: 그녀는 중국인이에요.
18	A: 哥哥和爸爸，谁的个子高？ B: 哥哥的个子高。	A: Gē ge hé bà ba, shuí de gè zi gāo? B: Gē ge de gè zi gāo.	A: 오빠와 아빠, 누구의 키가 크세요? B: 오빠의 키가 커요.
19	A: 你认识她吗？ B: 我认识，她是我姐姐。	A: Nǐ rèn shi tā ma? B: Wǒ rèn shi, tā shì wǒ jiě jie.	A: 그녀를 알아요? B: 전 알아요, 그녀는 제 누나예요.

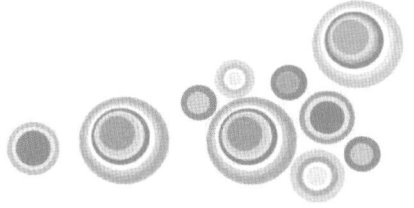

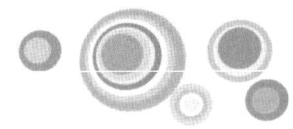

梦想中国语 模拟考试

| 20 | A: 你弟弟今年几岁？
B: 他六岁。 | A: Nǐ dì di jīn nián jǐ suì?
B: Tā liù suì. | A: 당신의 남동생은 올해 몇살이에요?
B: 그는 여섯살이에요. |

2. 阅读 읽기

第一部分 제1부분

	중국어	병음	한국어
21	姐姐和弟弟	jiě jie hé dì di	언니와 남동생
22	老师	lǎo shī	선생님
23	猫和狗	māo hé gǒu	고양이와 강아지
24	六	liù	육
25	星期五	xīng qī wǔ	금요일

第二部分 제2부분

26. 저는 아까 우유를 마셨어요.

27. 엄마는 상점에 갔어요.

28. 우리 선생님이 여자예요.

29. 할머니는 이미 70살이에요.

30. 언니의 머리가 길어요.

第三部分 제3부분

xīng qī yī A 星期一	niǎo B 鸟	bí zi C 鼻子	sān D 三	tóu fa E 头发	yú F 鱼
월요일	새	코	삼	머리카락	물고기

	중국어+병음	한국어 해석
31.	A: 你哪天去学校？Nǐ nǎ tiān qù xué xiào? B: 我星期一去学校。Wǒ xīng qī yī qù xué xiào.	A: 당신은 언제 학교에 가세요? B: 저는 월요일 학교에 가요.
32.	A: 你的鼻子怎么红了？Nǐ de bí zi zěn me hóng le? B: 我有点冷。Wǒ yǒu diǎn lěng.	A: 당신의 코가 왜 빨개졌어요? B: 제가 조금 추워서요.
33.	A: 你妹妹头发长吗？Nǐ mèi mei tóu fa cháng ma? B: 不长，很短。Bù cháng, hěn duǎn.	A: 당신의 여동생의 머리카락은 길어요? B: 아니요, 아주 짧아요.
34.	A: 你看那是什么？Nǐ kàn nà shì shén me? B: 那是一只鸟。Nà shì yì zhī niǎo.	A: 한번 봐요, 그것이 뭐예요? B: 그건 새예요.
35.	A: 你喜欢吃鱼吗？Nǐ xǐ huān chī yú ma? B: 我不是很喜欢。Wǒ bú shì hěn xǐ huān.	A: 생선을 먹는 걸 좋아하세요? B: 저는 별로 좋아하지 않아요.

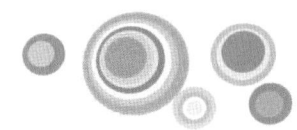

<YCT 1급 실전 모의고사 4> 본문 및 해석

1. 听力 듣기

第一部分 제1부분

	중국어	병음	한국어
1	面条	miàn tiáo	국수
2	星期二	xīng qī èr	화요일
3	小猫	xiǎo māo	고양이
4	哥哥	gē ge	오빠
5	喝	hē	마시다

第二部分 제2부분

	중국어	병음	한국어
6	喝水	hē shuǐ	물을 마시다
7	三点半	sān diǎn bàn	3시 반
8	长头发	cháng tóu fa	긴 머리카락
9	十四号	shí sì hào	14번
10	一只小狗	yì zhī xiǎo gǒu	강아지 한 마리

第三部分 제3부분

	중국어	병음	한국어
11	他个子很高。	Tā gè zi hěn gāo.	그분 는 키가 커요.
12	爸爸喜欢喝咖啡。	Bà ba xǐ huān hē kā fēi.	아버지는 커피 마시는 것을 좋아해요.
13	这里多，那里少。	Zhè lǐ duō, nà lǐ shǎo.	여기는 많고, 거기는 적어요.
14	爸爸的头大，儿子的头小。	Bà ba de tóu dà, ér zi de tóu xiǎo.	아버지의 머리 크고 아들의 머리는 작아요.
15	那儿有两条鱼。	Nàr yǒu liǎng tiáo yú.	거기에는 물고기 두 마리가 있어요.

第四部分 제4부분

	중국어	병음	한국어
16	A: 你的头发长吗？ B: 我的头发不长。	A: Nǐ de tóu fa cháng ma? B: Wǒ de tóu fa bù cháng.	A: 당신의 머리카락은 길어요? B: 제 머리카락은 길지 않아요.
17	A: 你喜欢唱歌吗？ B: 我很喜欢唱歌。	A: Nǐ xǐ huān chàng gē ma? B: Wǒ hěn xǐ huān chàng gē.	A: 노래하는 것을 좋아하세요? B: 노래하는 것을 아주 좋아해요.
18	A: 爸爸和儿子，谁的头大？ B: 爸爸的头大。	A: Bà ba hé ér zi, shuí de tóu dà? B: Bà ba de tóu dà.	A: 아빠와 아들, 누구의 머리가 더 큰가요? B: 아빠의 머리가 더 커요.
19	A: 学校人多不多？ B: 学校人很多。	A: Xué xiào rén duō bù duō? B: Xué xiào rén hěn duō.	A: 학교에서 사람들이 많아요? B: 학교에서 사람들이 많아요.

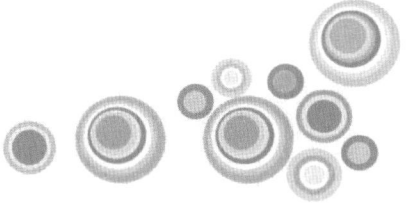

梦想中国语 模拟考试

| 20 | A：你有几个哥哥？
B：我没有哥哥。 | A：Nǐ yǒu jǐ gè gē ge?
B：Wǒ méi yǒu gē ge. | A：오빠는 몇 명이 있어요?
B：오빠가 없어요. |

2. 阅读 읽기

第一部分 제1부분

	중국어	병음	한국어
21	少	shǎo	적다
22	喝水	hē shuǐ	물을 마시다
23	妈妈和女儿	mā ma hé nǚ ér	엄마와 딸
24	耳朵	ěr duo	귀
25	苹果	píng guǒ	사과

第二部分 제2부분

26. 오늘은 화요일이에요.

27. 학교는 우리 집 뒤에 있어요.

28. 안녕하세요! 제가 집에 가야 해요.

29. 국수를 먹었어요?

30. 우리 선생님은 중국 사람이에요.

第三部分 제3부분

míng zi A 名字	kā fēi B 咖啡	mā ma C 妈妈	sān D 三	xiǎo gǒu E 小狗	dà F 大
이름	커피	엄마	삼	강아지	크다

	중국어+병음	한국어 해석
31.	A：你好，你叫什么名字？Nǐ hǎo, nǐ jiào shén me míng zi. B：你好，我叫王红。Nǐ hǎo, wǒ jiào wáng hóng.	A：안녕하세요, 이름이 뭐예요? B：안녕하세요, 제가 왕홍이라고 해요.
32.	A：咖啡好喝吗？Kā fēi hǎo hē ma? B：还好，我很喜欢。Hái hǎo, wǒ hěn xǐ huān.	A：커피가 맛있어요? B：괜찮아요, 저는 좋아요.
33.	A：那是小猫吗？Nà shì xiǎo māo ma? B：不是，它是小狗。Bú shì, tā shì xiǎo gǒu.	A：그건 고양이예요? B：아니요, 강아지예요.
34.	A：你妈妈是干什么的？Nǐ mā ma shì gàn shén me de? B：我妈妈是老师。Wǒ mā ma shì lǎo shī.	A：당신의 엄마는 어떤 일을 하세요? B：제 엄마는 선생님이세요.
35.	A：你姐姐的眼睛大吗？Nǐ jiě jie de yǎn jīng dà ma? B：是的，很大。Shì de, hěn dà.	A：당신의 언니의 눈이 커요? B：네, 아주 커요.

123

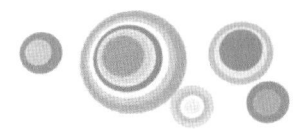

<YCT 1급 실전 모의고사 5> 본문 및 해석

1. 听力 듣기

第一部分 제1부분

	중국어	병음	한국어
1	鱼	yú	물고기
2	3点	3 diǎn	3 시
3	门	mén	문
4	米饭	mǐ fàn	쌀밥
5	小狗	xiǎo gǒu	강아지

第二部分 제2부분

	중국어	병음	한국어
6	高个子	gāo gè zi	키가 크다
7	喝牛奶	hē niú nǎi	우유를 마시다
8	明天见	míng tiān jiàn	내일 만나요.
9	不高兴	bù gāo xìng	안 기쁘다
10	十二点	shí èr diǎn	12시

第三部分 제3부분

	중국어	병음	한국어
11	她的鼻子很高。	Tā de bí zi hěn gāo.	그녀의 코는 매우 높아요.
12	妈妈喜欢喝茶。	Mā ma xǐ huān hē chá.	엄마는 차를 좋아해요.
13	你的耳朵在这儿。	Nǐ de ěr duo zài zhèr.	당신의 귀는 여기 있어요.
14	我有很多头发。	Wǒ yǒu hěn duō tóu fa.	저는 머리카락이 많아요.
15	我爷爷70岁了。	Wǒ yé ye 70 suì le.	우리 할아버지는 70세예요.

第四部分 제4부분

	중국어	병음	한국어
16	A: 你家有几口人? B: 我家有五口人。	A: Nǐ jiā yǒu jǐ kǒu rén? B: Wǒ jiā yǒu wǔ kǒu rén.	A: 가족이 몇 명이 있어요? B: 우리 가족은 다섯 명이 있어요.
17	A: 你和妈妈, 谁的头发长? B: 我的头发长。	A: Nǐ hé mā ma, shuí de tóu fa cháng? B: Wǒ de tóu fa cháng.	A: 엄마랑 누구의 머리가 더 길어요? B: 제 머리카락은 더 길어요.
18	A: 你喜欢喝什么? B: 我喜欢喝牛奶?	A: Nǐ xǐ huān hē shén me? B: Wǒ xǐ huān hē niú nǎi.	A: 뭐 마시는 것을 좋아해요? B: 저는 우유를 좋아해요.
19	A: 你妈妈喜欢吃什么? B: 她喜欢吃面条。	A: Nǐ mā ma xǐ huān chī shén me? B: Tā xǐ huān chī miàn tiáo.	A: 엄마는 무엇을 먹는 걸 좋아해요? B: 엄마는 국수를 먹는 걸 좋아해요.

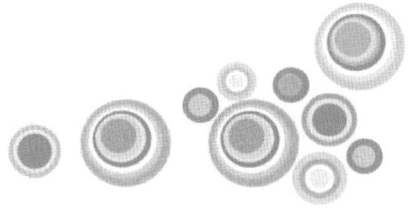

梦想中国语 模拟考试

| 20 | A: 你爸爸喜欢喝什么？
B: 他喜欢喝咖啡。 | A: Nǐ bà ba xǐ huān hē shén me?
B: Tā xǐ huān hē kā fēi. | A: 당신의 아버지는 무엇을 좋아해요?
B: 아버지는 커피 마시는 걸 좋아해요. |

2. 阅读 읽기

第一部分 제1부분

	중국어	병음	한국어
21	5岁	5 suì	5 살
22	哥哥	gē ge	오빠
23	眼睛	yǎn jīng	눈
24	面条	miàn tiáo	국수
25	商店	shāng diàn	상점

第二部分 제2부분

26. 거기에는 고양이 한 마리가 있어요.

27. 물고기를 먹는 것을 좋아해요.

28. 그는 오늘 기뻐요.

29. 남동생은 올해 10살이에요.

30. 그녀의 손이 작아요.

第三部分 제3부분

gè A 个	niú nǎi B 牛奶	yuè C 月	sān D 三	lǎo shī E 老师	miàn tiáo F 面条
개	우유	월	삼	선생님	국수

	중국어+병음	한국어 해석
31.	A: 那个人是谁呀？Nà ge rén shì shuí ya? B: 那是我们的老师。Nà shì wǒ men de lǎo shī.	A: 그 분은 누구세요? B: 그 분은 우리 선생님이세요.
32.	A: 你有几个姐姐？Nǐ yǒu jǐ gè jiě jie? B: 我有一个姐姐。Wǒ yǒu yí gè jiě jie.	A: 언니가 몇 명이 있어요? B: 제가 언니 한 명이 있어요.
33.	A: 妈妈, 我想喝牛奶。Mā ma, wǒ xiǎng hē niú nǎi. B: 家里没有了。Jiā lǐ méi yǒu le.	A: 엄마, 제가 우유를 먹고 싶어요. B: 집에 (우유가) 다 떨어졌어요.
34.	A: 现在是几月了？Xiàn zài shì jǐ yuè le? B: 已经6月了。Yǐ jīng 6 yuè le.	A: 지금은 몇월이에요? B: 이미 6 월이 됐어요.
35.	A: 这是你要的面条。Zhè shì nǐ yào de miàn tiáo. B: 谢谢！Xiè xie!	A: 이건 당신이 주문한 국수예요. B: 고마워요!

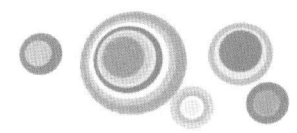

<YCT 1급 실전 모의고사 6> 본문 및 해석

1. 听力 듣기

第一部分 제1부분

	중국어	병음	한국어
1	鸟	niǎo	새
2	手	shǒu	손
3	他	tā	그 남자
4	耳朵	ěr duo	귀
5	牛奶	niú nǎi	우유

第二部分 제2부분

	중국어	병음	한국어
6	大眼睛	dà yǎn jīng	큰 눈
7	吃苹果	chī píng guǒ	사과를 먹다
8	再见	zài jiàn	안녕, bye
9	六月十八号	6 yuè 18 hào	6월 18일
10	头发长	tóu fa cháng	머리카락은 길다

第三部分 제3부분

	중국어	병음	한국어
11	她的眼睛很大。	Tā de yǎn jīng hěn dà.	그녀의 눈은 매우 커요.
12	姐姐喜欢唱歌。	Jiě jie xǐ huān chàng gē.	언니는 노래 부르는 것을 좋아해요.
13	你的鼻子真高!	Nǐ de bí zi zhēn gāo!	당신의 코가 정말 높아요!
14	妈妈的头发很长。	Mā ma de tóu fa hěn cháng.	엄마의 머리카락은 매우 길어요.
15	妈妈在家看书。	Mā ma zài jiā kàn shū.	엄마는 집에서 책을 읽고 있어요.

第四部分 제4부분

	중국어	병음	한국어
16	A: 今天你高兴吗? B: 我很高兴。	A: Jīn tiān nǐ gāo xìng ma? B: Wǒ hěn gāo xìng.	A : 당신은 오늘 기뻐요? B: 기뻐요.
17	A: 你家在哪儿? B: 我家在商店后面。	A: Nǐ jiā zài nǎr? B: Wǒ jiā zài shāng diàn hòu mian.	A : 당신의 집은 어디에 있어요? B: 우리 집은 상점 뒤에 있어요.
18	A: 你有几个老师? B: 我有五个老师。	A: Nǐ yǒu jǐ gè lǎo shī? B: Wǒ yǒu wǔ gè lǎo shī.	A : 선생님은 몇 명이 있어요? B: 저는 5명의 선생님이 있어요.
19	A: 你是中国人吗? B: 我是中国人。	A: Nǐ shì zhōng guó rén ma? B: Wǒ shì zhōng guó rén.	A : 당신은 중국인이세요? B: 저는 중국인이에요.

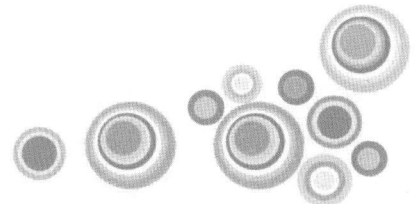

| 20 | A：你想吃什么？
B：我想吃米饭。 | A: Nǐ xiǎng chī shén me?
B: Wǒ xiǎng chī mǐ fàn. | A : 뭘 먹고 싶어요?
B: 쌀밥을 먹고 싶어요. |

2. 阅读 읽기

第一部分 제1부분

	중국어	병음	한국어
21	吃饭	chī fàn	밥을 먹다
22	9月	9 yuè	9 월
23	鱼	yú	물고기
24	学校	xué xiào	학교
25	中国人	zhōng guó rén	중국인

第二部分 제2부분

26. 언니는 엄마를 보고 있어요.
27. 남동생은 내일 학교에 갈 거예요.
28. 우리 집에 강아지 한 마리가 있어요.
29. 엄마는 커피를 마시고 싶어요.
30. 오늘은 토요일이에요.

第三部分 제3부분

shǒu A 手	diǎn B 点	yǎn jīng C 眼睛	sān D 三	shāng diàn E 商店	māo F 猫
손	시	눈	삼	상점	고양이

	중국어+병음	한국어 해석
31.	A：现在几点了？Xiàn zài jǐ diǎn le? B：已经5点了。Yǐ jīng 5 diǎn le.	A: 지금은 몇시예요? B: 이미 5시 됐어요..
32.	A：你的手大吗？Nǐ de shǒu dà ma? B：比你的大一点。Bǐ nǐ de dà yì diǎn.	A: 당신의 손이 커요? B: 당신보다 조금 커요.
33.	A：你在看什么？Nǐ zài kàn shén me? B：我在看小猫。Wǒ zài kàn xiǎo māo.	A : 뭘 보고 있어요? B: 고양이를 보고 있어요.
34.	A：你的眼睛怎么了？Nǐ de yǎn jīng zěn me le? B：我也不知道。Wǒ yě bù zhī dào.	A: 당신의 눈이 어떻게 된 거예요? B: 저도 몰라요.
35.	A：这里是哪儿呀？Zhè lǐ shì nǎr ya? B：这里是商店。Zhè lǐ shì shāng diàn.	A: 여기는 어디예요? B: 여기는 상점이에요.

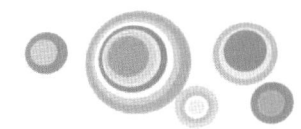

<YCT 1급 실전 모의고사 7> 본문 및 해석

1. 听力 듣기

第一部分 제1부분

	중국어	병음	한국어
1	脚	jiǎo	발
2	姐姐	jiě jie	언니
3	吃	chī	먹다
4	她	tā	그녀
5	头发	tóu fa	머리카락

第二部分 제2부분

	중국어	병음	한국어
6	短头发	duǎn tóu fa	짧은 머리카락
7	吃面条	chī miàn tiáo	국수를 먹다
8	星期三	xīng qī sān	수요일
9	大耳朵	dà ěr duo	큰 귀
10	她是老师	tā shì lǎo shī	그녀는 선생님이에요.

第三部分 제3부분

	중국어	병음	한국어
11	哥哥个子高。	Gē ge gè zi gāo.	형은 키가 커요.
12	我家有两只狗.	Wǒ jiā yǒu liǎng zhī gǒu.	우리 집에 개 두 마리가 있어요.
13	爸爸的头发很短。	Bà ba de tóu fa hěn duǎn.	아버지의 머리카락은 짧아요.
14	那儿有一只小鸟!	Nàr yǒu yì zhī xiǎo niǎo!	저기에 작은 새가 하나 있어요!
15	我想喝牛奶。	Wǒ xiǎng hē niú nǎi.	우유를 마시고 싶어요.

第四部分 제4부분

	중국어	병음	한국어
16	A: 你几岁? B: 我四岁。	A: Nǐ jǐ suì? B: Wǒ sì suì.	A: 당신 몇 살이세요? B: 전 4 살이에요.
17	A: 你喜欢吃什么? B: 我喜欢吃苹果。	A: Nǐ xǐ huān chī shén me? B: Wǒ xǐ huān chī píng guǒ.	A: 뭘 먹는 걸 좋아해요? B: 과일을 먹는 걸 좋아해요.
18	A: 你明天要去哪里? B: 我要去商店。	A: Nǐ míng tiān yào qù nǎ lǐ? B: Wǒ yào qù shāng diàn.	A: 내일 어디에 갈 거예요? B: 상점에 갈 거예요.
19	A: 你姐姐是干什么的? B: 我姐姐是一名老师。	A: Nǐ jiě jie shì gàn shén me de? B: Wǒ jiě jie shì yì míng lǎo shī.	A: 언니의 직업이 뭐예요? B: 제 언니는 선생님이세요.

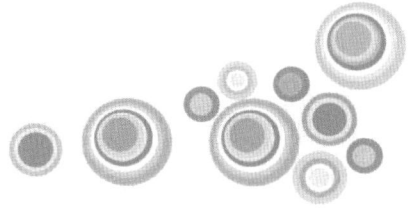

20	A：你家有小狗吗？ B：我家有两只小狗。	A：Nǐ jiā yǒu xiǎo gǒu ma ? B：Wǒ jiā yǒu liǎng zhī xiǎo gǒu.	A：집에 강아지가 있어요? B：강아지 두 마리가 있어요.

2. 阅读 읽기

第一部分 제1부분

	중국어	병음	한국어
21	大	dà	크다
22	多	duō	많다
23	星期四	xīng qī sì	목요일
24	中国	zhōng guó	중국
25	水	shuǐ	물

第二部分 제2부분

26. 엄마는 쌀밥을 먹는 것을 좋아해요.

27. 우리 가족은 4명이 있어요.

28. 거기에 새 하나가 있어요.

29. 아빠는 5시에 집에 돌아와요.

30. 여기에는 우유 두 잔이 있어요.

第三部分 제3부분

한국어 해석					
zhōng guó A 中国	kā fēi B 咖啡	míng zi C 名字	sān D 三	jiā E 家	suì F 岁
중국	커피	이름	삼	집	살

	중국어+병음	한국어 해석
31.	A：你回学校了吗？Nǐ huí xué xiào le ma? B：没有，我还在家里。Méi yǒu, wǒ hái zài jiā lǐ.	A：당신은 학교로 돌아갔어요? B：아니요, 저는 아직 집에 있어요.
32.	A：你是哪国人？Nǐ shì nǎ guó rén? B：我是中国人。Wǒ shì zhōng guó rén.	A：어느 나라 사람이세요? B：제가 중국 사람이에요.
33.	A：你想喝咖啡吗？Nǐ xiǎng hē kā fēi ma? B：不用了，谢谢。Bú yòng le, xiè xie.	A：당신은 커피를 마실 래요? B：됐어요, 고마워요.
34.	A：你今年多大了？Nǐ jīn nián duō dà le? B：我已经5岁了。Wǒ yǐ jīng 5 suì le.	A：당신은 올해 몇 살이에요? B：제가 이미 5살이 됐어요.
35.	A：你好，你叫什么名字？Nǐ hǎo, nǐ jiào shén me míng zi? B：你好，我叫王明。Nǐ hǎo, wǒ jiào wáng míng.	A：안녕하세요! 이름이 어떻게 되세요? B：안녕하세요! 저는 왕명이라고 해요.

<YCT 1급 실전 모의고사 8> 본문 및 해석

1. 听力 듣기

第一部分 제1부분

	중국어	병음	한국어
1	耳朵	ěr duo	귀
2	牛奶	niú nǎi	우유
3	老师	lǎo shī	선생님
4	喝	hē	마시다
5	八	bā	8

第二部分 제2부분

	중국어	병음	한국어
6	去商店	qù shāng diàn	상점에 가다
7	三个苹果	sān gè píng guǒ	사과 3개
8	很高兴	hěn gāo xìng	매우 기쁘다
9	三岁	sān suì	3살
10	个子高	gè zi gāo	키가 크다

第三部分 제3부분

	중국어	병음	한국어
11	明天见!	Míng tiān jiàn!	내일 봐요!
12	他喜欢大狗。	Tā xǐ huān dà gǒu.	그 분은 큰 개를 좋아하세요.
13	我要喝水。	Wǒ yào hē shuǐ.	제가 물을 마실래요.
14	我要去商店。	Wǒ yào qù shāng diàn.	제가 상점에 갈 거예요.
15	妈妈正在吃面条。	Mā ma zhèng zài chī miàn tiáo.	엄마가 국수를 먹고 있어요.

第四部分 제4부분

	중국어	병음	한국어
16	A：我要回家了，再见! B：再见。	A: Wǒ yào huí jiā le, zài jiàn! B: Zài jiàn.	A: 제가 집에 가야 해요. 안녕히 계세요! B: 안녕 가세요!
17	A：你看那儿有一只小鸟。 B：是的，它真小呀!	A: Nǐ kàn nàr yǒu yì zhī xiǎo niǎo. B: Shì de, tā zhēn xiǎo ya!	A: 봐요, 거기에 작은 새가 있어요. B: 그러네요. 정말 작네요.
18	A：你去哪里了? B：我去学校了。	A: Nǐ qù nǎ lǐ le? B: Wǒ qù xué xiào le.	A: 당신은 어디에 갔어요? B: 제가 학교에 갔어요.
19	A：你什么时候回家? B：我星期五回家。	A: Nǐ shén me shí hòu huí jiā? B: Wǒ xīng qī wǔ huí jiā.	A: 당신은 언제 집에 돌아가요? B: 제가 금요일에 가요.
20	A：现在是几月呀? B：已经6月了。	A: Xiàn zài shì jǐ yuè ya? B: Yǐ jīng 6 yuè le.	A: 지금은 몇 월이에요? B: 이미 6월 됐어요.

2. 阅读 읽기

第一部分 제1부분

	중국어	병음	한국어
21	鸟	niǎo	새
22	水果	shuǐ guǒ	과일
23	牛奶	niú nǎi	우유
24	姐姐	jiě jie	언니
25	头发	tóu fa	머리카락

第二部分 제2부분

26. 국수를 먹는 것을 좋아해요?

27. 동생의 머리가 짧아요.

28. 제가 중국인이에요.

29. 왜 기분이 안 좋아요?

30. 여기에는 강아지 두 마리가 있어요.

第三部分 제3부분

gè zi A 个子	jiā B 家	xīng qī liù C 星期六	sān D 三	dì di E 弟弟	fàn F 饭
키	집	토요일	삼	남동생	밥

	중국어+병음	한국어 해석
31.	A：你家谁的个子最高？Nǐ jiā shéi de gè zi zuì gāo? B：我爸爸的个子最高。Wǒ bà ba de gè zi zuì gāo.	A: 당신의 집에 누구의 키가 제일 커요? B: 제 아버지의 키가 제일 커요.
32.	A：明天是星期几？Míng tiān shì xīng qī jǐ? B：明天是星期六。Míng tiān shì xīng qī liù.	A: 내일은 무슨 요일이에요? B: 내일은 토요일이에요.
33.	A：你吃饭了吗？Nǐ chī fàn le ma? B：没有，一会儿去吃。Méi yǒu, yí huì r qù chī.	A: 당신은 밥을 먹었어요? B: 아니요, 이따가 먹으러 가요.
34.	A：你有妹妹吗？Nǐ yǒu mèi mei ma? B：没有，我有一个弟弟。Méi yǒu, wǒ yǒu yí gè dì di.	A: 당신은 여동생이 있어요? B: 없어요, 제가 남동생이 있어요.
35.	A：我要回家了，再见！Wǒ yào huí jiā le, zài jiàn! B：再见！ Zài jiàn!	A: 제가 집에 가야 해요. 안녕히 계세요! B: 안녕히 가세요!

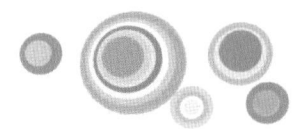

<YCT 1급 실전 모의고사 9> 본문 및 해석

1. 听力 듣기

第一部分 제1부분

	중국어	병음	한국어
1	手	shǒu	손
2	猫	māo	고양이
3	水	shuǐ	물
4	弟弟	dì di	남동생
5	五	wǔ	다섯

第二部分 제2부분

	중국어	병음	한국어
6	在学校	zài xué xiào	학교에 있다
7	妈妈和姐姐	mā ma hé jiě jie	엄마와 언니
8	眼睛小	yǎn jīng xiǎo	눈이 작다
9	二十岁	èr shí suì	20 살
10	五个苹果	wǔ gè píng guǒ	사과 5 개

第三部分 제3부분

	중국어	병음	한국어
11	明天是15号。	Míng tiān shì 15 hào.	내일은 15일이에요.
12	我家有三只小猫。	Wǒ jiā yǒu sān zhī xiǎo māo.	우리 집에 고양이 세 마리 있어요.
13	看我的手，在这儿！	Kàn wǒ de shǒu, zài zhèr!	제 손 보세요, 여기 있어요!
14	那里有两只小鸟。	Nà lǐ yǒu liǎng zhī xiǎo niǎo.	그 곳에 작은 새 두 마리가 있어요.
15	我的手大，他的手小。	Wǒ de shǒu dà, tā de shǒu xiǎo.	제 손은 크고 그의 손은 작아요..

第四部分 제4부분

	중국어	병음	한국어
16	A: 你和妹妹的眼睛，谁大一点？ B: 我妹妹的眼睛更大。	A: Nǐ hé mèi mei de yǎn jīng, shuí dà yì diǎn? B: Wǒ mèi mei de yǎn jīng gèng dà.	A: 여동생이랑 누가 눈이 더 커요? B: 제 여동생의 눈이 더 커요.
17	A: 这是你要的面条。 B: 谢谢。	A: Zhè shì nǐ yào de miàn tiáo. B: Xiè xie.	A: 이건 당신이 시킨 국수예요. B: 고마워요.
18	A: 你今天怎么不高兴？ B: 我想回家。	A: Nǐ jīn tiān zěn me bù gāo xìng? B: Wǒ xiǎng huí jiā.	A: 당신은 오늘 왜 기쁘지 않아요? B: 제가 집에 가고 싶어요.
19	A: 猫喜欢吃什么？ B: 猫喜欢吃鱼。	A: Māo xǐ huān chī shén me? B: Māo xǐ huān chī yú.	A: 고양이는 뭘 좋아해요? B: 생선을 먹는 것을 좋아해요.

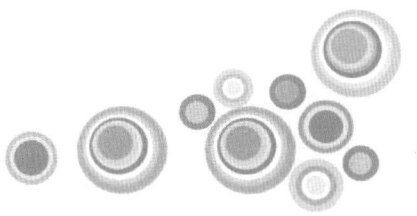

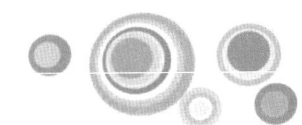

20	A：你的手真大呀！ B：不是很大吧。	A: Nǐ de shǒu zhēn dà ya! B: Bú shì hěn dà ba.	A: 당신의 손이 정말 크네요. B: 아주 큰 거 아니죠?

2. 阅读 읽기

第一部分 제1부분

	중국어	병음	한국어
21	猫	māo	고양이
22	七	qī	7
23	手	shǒu	손
24	妹妹	mèi mei	여동생
25	高兴	gāo xìng	기쁘다

第二部分 제2부분

26. 그 분의 입이 정말 커요.

27. 그 분의 여동생은 정말 예뻐요!

28. 엄마, 물을 마실 래요?

29. 고양이는 생선을 먹는 걸 좋아해요?

30. 언니가 오늘 상점에 갔어요?

第三部分 제3부분

hǎo A 好	gāo xìng B 高兴	mā ma C 妈妈	sān D 三	miàn tiáo E 面条	zhōng guó F 中国
건강하다, 안녕하다	기쁘다	엄마	삼	국수	중국

	중국어+병음	한국어 해석
31.	A：你怎么不高兴？Nǐ zěn me bù gāo xìng? B：我想回家了。Wǒ xiǎng huí jiā le.	A: 당신은 왜 기쁘지 않아요? B: 제가 집이 그리워서요.
32.	A：你好吗？Nǐ hǎo ma? B：我很好。Wǒ hěn hǎo.	A: 잘 지내고 있어요? B: 네, 잘 지내고 있어요.
33.	A：你吃了什么？Nǐ chī le shén me? B：我吃了面条。Wǒ chī le miàn tiáo.	A: 당신은 뭘 먹었어요? B: 제가 국수를 먹었어요.
34.	A：那是你妈妈吗？Nà shì nǐ mā ma ma? B：是的。Shì de.	A: 그 분은 당신의 어머님이세요? B: 네, 맞아요.
35.	A：你们老师是哪国人？Nǐ men lǎo shī shì nǎ guó rén? B：她是中国人。Tā shì zhōng guó rén.	A: 당신의 선생님은 어느 나라 사람이세요? B: 그 분은 중국 사람이세요.

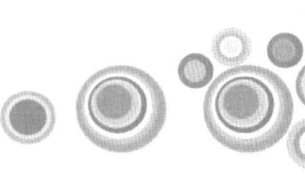

 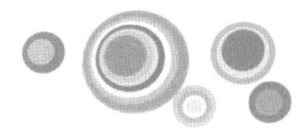

<YCT 1급 실전 모의고사 10> 본문 및 해석

1. 听力 듣기

第一部分 제1부분

	중국어	병음	한국어
1	苹果	píng guǒ	사과
2	鱼	yú	물고기
3	狗	gǒu	강아지
4	哥哥	gē ge	오빠
5	妈妈	mā ma	엄마

第二部分 제2부분

	중국어	병음	한국어
6	打电话	dǎ diàn huà	전화하다
7	三口人	sān kǒu rén	식구 세 명
8	中国老师	zhōng guó lǎo shī	중국 선생님
9	很多人	hěn duō rén	많은 사람
10	八十岁	bā shí suì	80 살

第三部分 제3부분

	중국어	병음	한국어
11	现在三点十分。	Xiàn zài sān diǎn shí fēn.	지금은 3시 10분이에요.
12	我爱吃米饭。	Wǒ ài chī mǐ fàn.	제가 쌀밥을 먹는 것을 좋아해요.
13	我现在去学校。	Wǒ xiàn zài qù xué xiào.	제가 지금 학교에 가요.
14	今天我真高兴！	Jīn tiān wǒ zhēn gāo xìng!	오늘 제가 정말 기뻐요!
15	太谢谢你了！	Tài xiè xie nǐ le!	정말 고마워요!

第四部分 제4부분

	중국어	병음	한국어
16	A: 今天多少号？ B: 今天已经1号了。	A: Jīn tiān duō shǎo hào? B: Jīn tiān yǐ jīng 1 hào le.	A: 오늘 몇일이에요? B: 오늘 벌써 1일이 됐어요.
17	A: 牛奶和水，你要喝什么？ B: 我要喝牛奶。	A: Niú nǎi hé shuǐ, nǐ yào hē shén me? B: Wǒ yào hē niú nǎi.	A: 우유와 물, 뭘 드실래요? B: 우유를 마실래요.
18	A: 明天星期几呀？ B: 今天星期一。	A: Míng tiān xīng qī jǐ ya? B: Jīn tiān xīng qī yī.	A: 내일은 무슨 요일이에요? B: 오늘은 월요일이에요.
19	A: 你爱吃什么？ B: 我爱吃面包。	A: Nǐ ài chī shén me? B: Wǒ ài chī miàn bāo.	A: 당신은 뭘 먹기 좋아요? B: 저 빵을 좋아해요.
20	A: 你们几点出去？ B: 我们5点出去。	A: Nǐ men jǐ diǎn chū qù? B: Wǒ men 5 diǎn chū qù.	A: 언제 나가세요? B: 5시에 나갈 거에요.

2. 阅读 읽기

第一部分 제1부분

	중국어	병음	한국어
21	她	tā	그녀
22	苹果	píng guǒ	사과
23	牛奶	niú nǎi	우유
24	八	bā	여덟
25	狗	gǒu	강아지

第二部分 제2부분

26. 우유가 맛있어요.

27. 엄마가 만든 국수가 맛잇어요.

28. 지금은 2시예요.

29. 여기에는 작은 새가 많아요.

30. 그녀의 눈이 작아요.

第三部分 제3부분

xué xiào A 学校	rèn shi B 认识	píng guǒ C 苹果	sān D 三	xiè xie E 谢谢	gǒu F 狗
학교	알다	사과	삼	고맙다	강아지

	중국어+병음	한국어 해석
31.	A：你想吃什么？Nǐ xiǎng chī shén me? B：我想吃苹果。Wǒ xiǎng chī píng guǒ.	A: 당신은 뭘 먹고 싶어요? B: 저는 과일을 먹고 싶어요.
32.	A：明天你在哪里？Míng tiān nǐ zài nǎ lǐ? B：明天我在学校。Míng tiān wǒ zài xué xiào.	A: 내일 당신은 어디에 있을 거에요? B: 내일 제가 학교에 있을 거에요.
33.	A：你喜欢吗？Nǐ xǐ huān ma? B：喜欢，谢谢你！Xǐ huān, xiè xie nǐ!	A : 당신은 (이것을) 좋아해요? B: 네, 고마워요!
34.	A：那是你姐姐吗？Nà shì nǐ jiě jie ma? B：不是，我不认识。Bú shì, wǒ bú rèn shi.	A: 그 분은 당신의 언니예요? B: 아니요, 저는 그 사람을 몰라요.
35.	A：那是小猫吗？Nà shì xiǎo māo ma? B：不是，是小狗。Bú shì, shì xiǎo gǒu.	A: 그 것은 고양이예요? B: 아니요, 강아지예요.

| 20 | A: 你的手真大呀！
B: 不是很大吧。 | A: Nǐ de shǒu zhēn dà ya!
B: Bú shì hěn dà ba. | A: 당신의 손이 정말 크네요.
B: 아주 큰 거 아니죠? |

2. 阅读 읽기

第一部分 제1부분

	중국어	병음	한국어
21	猫	māo	고양이
22	七	qī	7
23	手	shǒu	손
24	妹妹	mèi mei	여동생
25	高兴	gāo xìng	기쁘다

第二部分 제2부분

26. 그 분의 입이 정말 커요.

27. 그 분의 여동생은 정말 예뻐요!

28. 엄마, 물을 마실 래요?

29. 고양이는 생선을 먹는 걸 좋아해요?

30. 언니가 오늘 상점에 갔어요?

第三部分 제3부분

hǎo A 好	gāo xìng B 高兴	mā ma C 妈妈	sān D 三	miàn tiáo E 面条	zhōng guó F 中国
건강하다, 안녕하다	기쁘다	엄마	삼	국수	중국

	중국어+병음	한국어 해석
31.	A: 你怎么不高兴？Nǐ zěn me bù gāo xìng? B: 我想回家了。Wǒ xiǎng huí jiā le.	A: 당신은 왜 기쁘지 않아요? B: 제가 집이 그리워서요.
32.	A: 你好吗？Nǐ hǎo ma? B: 我很好。Wǒ hěn hǎo.	A: 잘 지내고 있어요? B: 네, 잘 지내고 있어요.
33.	A: 你吃了什么？Nǐ chī le shén me? B: 我吃了面条。Wǒ chī le miàn tiáo.	A: 당신은 뭘 먹었어요? B: 제가 국수를 먹었어요.
34.	A: 那是你妈妈吗？Nà shì nǐ mā ma ma? B: 是的。Shì de.	A: 그 분은 당신의 어머님이세요? B: 네, 맞아요.
35.	A: 你们老师是哪国人？Nǐ men lǎo shī shì nǎ guó rén? B: 她是中国人。Tā shì zhōng guó rén.	A: 당신의 선생님은 어느 나라 사람이세요? B: 그 분은 중국 사람이세요.

<MP3 파일 & 시험 답안 무료 다운!>

이 책에 관련된 MP3 음성 파일과 모의 시험의 답안은 드림중국어 카페 (http://cafe.naver.com/dream2088)를 회원 가입한 후에 다운 받으실 수 있습니다.

MP3 파일 다운로드 주소:　　　　　　https://cafe.naver.com/dream2088/3813

시험 답안 다운로드 주소:　　　　　　https://cafe.naver.com/dream2088/3814

드림중국어 1:1 화상 수업

드림중국어 원어민 수업 체험 예약 (30 분)

QR 코드를 스캔해서 중국어 수업을 체험 신청하세요.

(네이버 아이디로 들어감)

ZOOM 1:1 수업, 휴대폰/태블릿/컴퓨터로 수업 가능

드림중국어 대면 수업

드림중국어 인천 **청라점**

주소: 인천 청라국제도시

상담 전화: **032-567-6880**

드림중국어 강남 **대치동점**

주소: 서울시 강남구 대치동

상담 전화: **010-5682-6880**

<드림중국어 시리즈 교재>

책 제목	책 제목
드림중국어 왕초보 탈출 1 (HSK 1급)	드림중국어 YCT 1-4급 실전 모의고사 (세트)
드림중국어 왕초보 탈출 2 (HSK 2급)	드림중국어 YCT 회화 (초급) 실전 모의고사
드림중국어 중급 듣기 1 (HSK 3급)	드림중국어 YCT 회화 (중급) 실전 모의고사
드림중국어 초급 회화 600 (HSK 3급)	드림중국어 HSK 1-6급 실전 모의고사 (세트)
드림중국어 중급 회화 600 (HSK 4-5급)	드림중국어 HSKK 초급 실전 모의고사
드림중국어 고급 회화 800 (HSK 5-6급)	드림중국어 HSKK 중급 실전 모의고사
드림중국어 신 HSK 초.중급 필수 단어	드림중국어 HSKK 고급 실전 모의고사
드림중국어 신 HSK 고급 필수 단어	드림중국어 수능 기출 문제집 (세트)
드림중국어 신 HSK 초급 문법	드림중국어 수능 대비 문제집 (세트)
드림중국어 신 HSK 중급 문법	드림중국어 실용 회화 시리즈 (세트)
드림중국어 신 HSK 고급 문법	드림중국어 수능 단어 총정리 (세트)
드림중국어 한자쓰기 초.중급	드림중국어 중국 어린이 동요 100 (세트)
드림중국어 한자쓰기 중급/고급 (세트)	드림중국어 중국 어린이 시 100
드림중국어 중급 읽기 1-4 (중국 문화 이야기)	드림중국어 중국 시 100
드림중국어 고급 읽기 1-2 (중국 문화 이야기)	드림중국어 중국 명인 명언 100 (세트)
드림중국어 SAT2 대비 문제집 (세트)	드림중국어 MCT (의학 중국어 시험) 단어
드림중국어 고급 회화 1 (TSC, HSKK 고급)	중국 아이들이 좋아하는 동화 이야기 (세트)
드림중국어 고급 단어 5000 (HSK 1-6급)	드림중국어 중국 인기 노래 100 (세트)

<드림중국어> 출판사 전화: 010-9853-6588